心领导力

思维、创新和自我管理准则

李颐 吕革新 张莉 ◎ 著

当代世界出版社
THE CONTEMPORARY WORLD PRESS

图书在版编目（CIP）数据

心领导力：思维、创新和自我管理准则 / 李颐, 吕革新,

张莉著. — 北京：当代世界出版社, 2017.7

ISBN 978-7-5090-1252-9

Ⅰ.①心… Ⅱ.①李… ②吕… ③张… Ⅲ.①领导学–通俗读物

Ⅳ.①C933–49

中国版本图书馆 CIP 数据核字（2017）第 181882 号

书　　　名：**心领导力**：**思维、创新和自我管理准则**

出版发行：当代世界出版社

地　　　址：北京市复兴路 4 号(100860)

网　　　址：http:∥www.worldpress.org.cn

编务电话：(010)83907332

发行电话：(010)83908409

　　　　　(010)83908455

　　　　　(010)83908377

　　　　　(010)83908423(邮购)

　　　　　(010)83908410(传真)

经　　　销：全国新华书店

印　　　刷：北京紫瑞利印刷有限公司

开　　　本：710 毫米×1000 毫米　1/16

印　　　张：16.5

字　　　数：195 千字

版　　　次：2017 年 12 月第 1 版

印　　　次：2017 年 12 月第 1 次

书　　　号：ISBN 978-7-5090-1252-9

定　　　价：39.80 元

让心领导行动

　　读者朋友，你可能不了解一个数据，2016 年我国创业失败的概率高达 86%，其中很多人创业的持续时间不足两年。虽然数据未必反映全部，但创业难是不争的事实。创业如此，职场也是如此。最近 5 年，频繁跳槽和换行的人越来越多，人们仿佛一夜之间失去了扎扎实实做事的能力。在频繁的跳槽和换行中，很多人的事业变得一塌糊涂。

　　最近十几年里，家庭不和谐、职场困扰、前途迷茫等问题愈演愈烈，成为多数人心头解不开的困惑。我们不禁要问，这到底是怎么了？

　　我们的物质生活变好了，越来越有钱了，生活空间越来越大了，娱乐项目越来越多了，生活越来越精彩纷呈了。可是，在越来越丰富的物质生活中，人们的事业和生活为什么越来越混乱了呢？

　　其实，问题的答案就在每个人的心里。在追逐物质的道路上，我们是否关心过自己的精神世界？在物质提升的同时，我们是否同样提升了自己的心灵修养？相信很多人的答案是否定的，这就是问题的症结所在——我们的心灵被物质远远甩在了后面，我们的双手攥满了金钱，心灵却空空如也。

　　职场不顺利、事业难进步、家庭不和谐，这些看似是物质问题，根源其实全在内心。同甘共苦的伴侣，怎么就在一夜之间看着不顺眼了？一奶同胞的兄弟，怎么就因为一套房子反目成仇了？同舟共济的同事，怎么就因为一件小事大打出手了？立下豪言壮语的事业，怎么就在一个坎坷之后轻易地背弃了？

生活中充满了各种各样的诱惑，掌控不好内心的人很容易在诱惑面前迷失自我，诱惑越多，迷失的人越多。然而，总有那么一些能够把持住内心、坚持自我的人，他们就是人人艳羡的成功人士。

这些人之所以成功并不仅是因为他们做了什么，还因为他们没有做什么。在诱惑面前，他们没有放弃对内心的掌控，不忘初心，并因此获得了好的生活与事业。总结一下，这就是对内心的领导能力，我们称其为心领导力。

成功人士之所以成功，是因为他们拥有强大的心领导力。心领导力看不见、摸不着，却实实在在地作用于每个人的生活和事业中，它帮助我们保持冷静和乐观，获得激情和勇气，学会宽容和谅解，在诱惑面前不迷失，在挫折面前不畏惧，平等对待每一个人，认真对待每一件事。

心领导力的本质是一个人对于内心的控制，通过控制内心的方式进而控制自己的心态、情绪和行为，它是一切美德的根源，是思维、创新和自我管理准则。

读者朋友不妨观察一下身边的成功人士，他们虽然有各不相同的成功经历和社会角色，但无一例外都具有强大的心领导力。

同样一件事，成功人士往往处理得比我们更好，这不是因为他所用的技巧那么高明。其实这些技巧你也知道，所不同的是，你仅仅停留在"知道"这个层面上，而成功人士却能将技巧转变为高效率的行动，这就是差距所在。同样一个人，成功人士能够与之相处得比我们更愉快，这不是因为他们有多么强的交际能力。各种交际能力就摆在那里，你也能够学会！成功人士能够将能力转化为高质量的人际关系，而我们却做不到，这就是差距所在。同样的挫折，成功人士能够乐观地挺过去，这不是因为他有多么强的理念，黑夜过去就是黎明的道理我们也懂，但就是控制不住自己的悲观情绪，而成功人士却能拥有发自内心的乐观和坚持，这就是差距所在。

普通人与成功人士的差距不在于做事的技巧、社交的方法、对现实的领悟，而在于如何将这些技巧、方法和领悟作用于生活与工作。而这些，没有强大的心领导力是做不到的。说到底，普通人与成功人士的差距，其实就是心领导力的差距。

万科集团创始人王石写过一本书叫《让灵魂跟上脚步》，在这本书中，王石用亲身经历告诉读者追问灵魂的重要性。那么，追问灵魂获得的是什么呢？王石并没有给出具体的答案。在这里，笔者要告诉读者朋友，那就是获得掌控内心的能力——心领导力。

目 录
CONTENTS

Part1　了解心领导力

第一章
心领导力的本质——给你控制内心的力量

家庭里缺少温馨，事业上缺少动力，与朋友交往摩擦不断，与陌生人相处无所适从，生活中缺少持续向前的动力，对人生感觉十分无奈，这些其实都是因为内心出了问题。

第二章
控制内心，用心性领导智性

人生的成功靠的是勤奋和智慧。智慧之性决定着我们如何待人接物，如何处理问题，如何把握机会，如何成就事业。即便我们有待人接物的方法，处理问题的技巧，但是当内心不受控制时，依然可能因为冲动而让事情变得一团糟。所以，在智性之上，需要有一个心性来领导，用心性来领导智性，才能将智慧引导到正确的轨道上来。

Part2 锻造心领导力，从了解自己开始

第三章
认识自我，方能追求外物

我们总说"知人者智，自知者明"，如果将"知人"看作是对外

部世界的了解，那么对外部了解得越多，得到的智慧也就越多。然而，如果没有"自知"这个前提，那么即便知道再多外物，对我们的成长也没有用。

第四章
勇敢做自己的主人

不能掌控自己情绪的人很容易陷入情感的波动中，在冲动之下做出令自己后悔莫及的事情。心领导力便是将你的"自主权"从情绪的手中夺回来，让你重新成为自己的主人。

第五章
人生需要来自内在的鞭策

　　自信心是人性中的闪光点，它会引领你努力奋斗，步步向前。心领导力，就是让你能够永远处在光明中，给你希望，时刻鞭策自己，从而享受激情的多彩人生。

Part3　心领导力，帮你掌控人生

第六章
勇气——放心去飞，勇敢去追

　　放手一搏，可能失败也可能成功。如果连搏一下的勇气都没有，那就只能失败。这个道理人人都懂，但真到了需要搏一下的时候，很多人却没有行动的勇气，这是内心怯懦的表现。心领导力教你告别怯懦，让内心充满勇气，该拼搏的时候方能大胆一搏。

第七章
定力——沉住气，方能成大器

定力不是与生俱来的，需要不断历练，历练抵御诱惑的能力，历练抵御欲望的能力，历练抵御恐惧的能力。一个心领导力强的人必然是一个克制力强的人，他们是自己命运的主宰者。

第八章
激情——一种能扩散的影响力

激情是戴在身上的无形的精神名片，它不需要说话，更不需要特地说明，只要看一个人的眼睛就能知道这张名片上写的是什么。与其送出一张印刷精美、堆砌众多华丽头衔的名片，不如内练精气神，打造一张专属的精神名片。

第九章
宽心——心放宽了，事就顺了

羁绊内心的东西越多，受到生活的束缚就越多。我们常常感到诸事不顺，然而很多时候不是事的原因，而是我们的内心出现了问题。心领导力可以帮你将心从束缚中解脱出来，心一旦摆脱了束缚，事就会慢慢顺起来。

Part4　心领导力，帮你掌控成功

第十章
成功的事业，从家庭开始

修身齐家，是几千年来中国人追求的人生境界，然而修身不易，齐家就更难了。所谓家家有本难念的经，越来越多的人感受不到家庭的温馨，常常莫名地烦恼，总在抱怨家庭的拖累。但你有没有想过，这一切都是谁造成的？如果你拥有一定的心领导力，家庭将会展现出它本来的面目，一切问题将不再是问题。

第十一章
心领导力决定职场高度

抱怨自己不被重用，抱怨下属不听指挥，抱怨同事无法沟通，抱怨上司有眼无珠，抱怨自己的身边没有人才，职场中的我们充满了抱怨，但是光靠抱怨解决不了任何问题，每天面对的仍然是这些人，只有提高自己的心领导力，将抱怨一个个化解，才能在职场上走得更远。

第十二章
社交从读懂他人开始

能设身处地为别人着想、洞察别人心理的人不必担心得不到别人的理解。在别人最需要的时候给予帮助，能抚慰其心灵，自然能获得其好感，并促使其以相同的态度对待你。

第十三章
人在社会中，社会便是人

亚里士多德说："离群索居者，不是野兽便是神灵。"我们自然不是神灵，但也不想做野兽，所以还是不要做孤僻冷漠的离群索居者了。既然我们无法孤僻地活着，那么如何与他人相处就显得尤为重要，而心领导力强的人往往更容易获得来自于他人的温暖。

附录
心领导力训练营

Part 1

了解心领导力

- 你控制内心，还是内心控制你
- 控制不住内心，坏情绪就会像流感一样传染
- 你为什么会冲动，为什么会内疚
- 别让空虚和无聊成为生活的主角
- 别像个孩子一样喜怒无常
- 想成为什么样的人，便可以成为什么样的人
- 接受不完美的自己
- 成功的智慧来自不断被推翻的过程
- 尝试着去做，你会发现害怕是多余的

第一章

心领导力的本质——给你控制内心的力量

家庭里缺少温馨，事业上缺少动力，与朋友交往摩擦不断，与陌生人相处无所适从，生活中缺少持续向前的动力，对人生感觉十分无奈，这些其实都是因为内心出了问题。

你控制内心，还是内心控制你

你会在突然之间暴跳如雷吗？

你会在一瞬间无名火起吗？

你会控制不住生气、想要发泄、歇斯底里吗？

作为快节奏生活的中国人，相信这样的事情曾经在你身上出现过。为什么会这样呢？原因很简单，那就是你的内心失控了。

内心失控会导致自己做一些不可理喻的事情。你很爱你的爱人，但却禁不住惹他（她）生气；你知道一项工作的重要性，但却忍不住要拖延下去；你想跟父母更亲密，但一见面却又感觉很烦躁；你渴望与人交流，但却总是将人际关系搞得一团糟。

很多时候，并不是我们不想往好的方面走，也并非我们没有能力，而是我们的内心失控了，无法控制自己的行为，于是一而再再而三地做出"行与愿违"的事情。

葛丽泰·嘉宝是人所共知的好莱坞明星，曾出演过《安娜·卡列尼娜》《茶花女》等作品。在银幕上嘉宝光彩照人，但银幕下的她却有着十分坎坷的人生，而造成这一切的根源是她无法控制自己的内心。她曾经坦言自己的情绪非常容易失控，在面对大事的时候，情绪起伏总是非常大，大到完全不受控制，正是失控的心把她拖进了麻烦的深渊。

嘉宝最厉害的一次失控发生在 1927 年，当时她答应了好莱坞著名影星约翰·吉尔伯特的求婚。就在婚礼当天，嘉宝因为内心的恐惧和焦虑落荒而逃，把这个倒霉的新郎晾在了亲朋好友面前。嘉宝并非不爱吉尔伯特，因为在逃婚后，冷静下来的她又回到了吉尔伯特的身边。可是每当提起婚姻大事，嘉宝都抑制不住内心的恐惧，总是做出伤害吉尔伯特的事情。她十分懊恼，却找不到解决的办法。1936 年，吉尔伯特因事业不顺郁郁而终，两个人最终没能修成正果。

即便像葛丽泰·嘉宝这样万众瞩目的明星，也被内心失控所折磨，以致做出让自己和身边人痛苦不堪的事情。很多时候，人的行为受内心而非思想控制，思想可以决定人如何去想，却无法控制人如何去做。

你可以制订一个非常好的计划，但内心的惰性却让你无法付诸行动；你可以预先演练好一套完美的说辞，但内心的妒忌、刻薄、自傲又会让你做出蔑视他人的举动，让一切准备付之东流。就像嘉宝那样，她在脑海里肯定已经构想出和吉尔伯特未来幸福的生活，但每当要走入婚姻殿堂的时候，内心的恐惧还是控制了她的行为，让她选择了退缩和逃避。

由此可见，一个人如果不能控制自己的情绪，就会被情绪所控制。一个人一旦被情绪所控制，即便他的思维能力再强，也不可避免地要面对各种各样的行为失控。因此，人必须要掌握控制内心的方法，只有将情绪掌控好，才能有一个美好的未来。

《羊皮卷》《世界上最伟大的推销员》的作者奥格·曼迪诺就"怎样控制自己"曾这样写道：

我怎样控制自己，让每天过得卓有成效呢？除非我心平气和，否则面对的将是失败的一天。花草树木，随着四季的变化生长，但是我为自己创造天气。我要学会用自己的心灵弥补气候的不足。如果我为顾客带来风雨、忧郁、黑暗和悲观，那么他们也会报之以风雨、忧郁、黑暗和悲观，结果是他们什么也不会买。相反，如果我为顾客献上欢乐、喜悦、光明和笑声，他们也会报之以欢乐、喜悦、光明和笑声，我就能获得好的销售业绩，赚取成仓的金币……

每天醒来，当我被悲伤、自怜、失败的情绪包围时，我就这样与之对抗：沮丧时，我引吭高歌；悲伤时，我开怀大笑；病痛时，我加倍工作；恐惧时，我勇往直前；自卑时，我换上新装；不安时，我提高嗓音；穷困潦倒时，我想象未来的富有；力不从心时，我回想过去的成功；自轻自贱时，我想想自己的目标。总之，今天我要学会控制自己。

也许有人会认为，对内心的控制力是天生的，是随基因而来的，其实并非如此。对内心的控制力是人通过各种活动与内心对抗、与生活对抗、与自己对抗而产生的一种力量，这种力量能够帮你保持内心的平稳，帮你掌控自己的行为，帮你掌控自己的人生，我们将这种力量称为心领导力。

不否认有些人的心领导力天生比较强，但只要后天使用正确的方法并加强锻炼，每个人都可以拥有强大的心领导力。

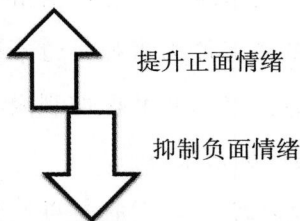

提升正面情绪

抑制负面情绪

心领导力的本质之一：通过控制内心，提升正面情绪，抑制负面情绪。

心不受控制是生命最大的陷阱，它会让人失去做自己主人的权利，而心领导力首先要做的就是帮你夺回这种权利，让你成为自己的主人，自由支配自己的人生。

※心领导力法则※

学会掌控自己的内心，这是心领导力的第一课，也是最关键的一课。掌握了心领导力，你的行为就会听命于你的思维，想什么便可以去做什么，不必为力不从心而烦恼。

控制不住内心，坏情绪就会像流感一样传染

有时候，你会发觉自己处于一团糟的生活当中，四周充满恶劣消极的情绪，所有人都让你心烦，所有事都力不从心，你会觉得自己很失败。但是，你有没有想过，这一切可能是由你自己造成的？

女老师在来学校的路上弄脏了新买的鞋子，心情很糟糕。到了学校，一个调皮的小男生正在捣蛋，女老师一时没忍住，把气全撒在了这个调皮的小男生身上。小男生被训了一顿，感觉十分委屈，回家就跟当领导的爷爷大吵大闹。爷爷不敢得罪"小祖宗"，就对司机鸡蛋里挑骨头。司机不敢和领导犟嘴，回家就把气撒在女朋友身上，而他的女朋友就是那位女老师。

你可能会觉得这个故事更像是一个笑话，然而不能否认的是，当你带着负面情绪去面对别人时，你也很难得到善意、积极的对待。你对别人生气发火，对别人不耐烦、不屑搭理，这都是在将负面情绪传递给别人。如果别人也试图将负面情绪扩散出去，那么你周围便会形成一个负面情绪聚集地。

负面情绪能相互传染，这是有科学依据的。美国洛杉矶大学医学院心理学家加利·斯梅尔教授曾经做过一个实验：让一个开朗、乐观的人与一个愁眉苦脸、抑郁难解的人同处一室，结果不到半个小

时，这个原本乐观的人也开始长吁短叹起来。无独有偶，美国密歇根大学心理学家詹姆斯·因勒教授的另一个实验则表明，只需要 20 分钟，负面情绪就可以在人群中扩散开。

负面情绪就这样在我们身边蔓延，进而产生恶劣影响，最终让我们陷入一团糟的生活中。那么，如何消除这种影响呢？

负面情绪主要源自于我们无法控制的内心，任由恶劣的情绪蔓延，就如同那个把鞋子弄脏的女老师一样，将怨气转移到学生身上，学生当然是受害者，但她自己也没有获得什么好处。如果她能够控制住情绪，不对学生撒气，那么结果就完全不同了。当然，用压制情绪的方法控制内心，只是心领导力的初级阶段，真正善于掌控自己内心的人，应该是将负面情绪化于无形，通过内心的活动将负面情绪去除，使自己不受负面情绪的影响。

有一位作家和朋友在街上闲逛，路过一个报摊的时候买了一份报纸。作家接过报纸，对报摊的老板礼貌地说了一声"谢谢"，但没想到对方却露出很不屑的表情。作家的朋友很不高兴，作家却不以为意，笑了笑走开了。

两人走了一段距离，作家的朋友忍不住问："刚才那个报摊的老板对你的态度那么差，你怎么一点儿都不生气？"

作家笑着说："我经常来他这里买报纸，他从来都是这样，没什么大不了的！"

朋友更惊讶了，问道："既然他对你的态度这么差，你为什么还要来他这里买报纸？"

作家淡定地说："因为他的报摊离我家近啊，我要的只是他的报纸，至于他对我的态度，和我有什么关系呢？"

这位作家无疑是一个心领导力很强的人，他对待外来不良情绪的态度很值得我们学习。如果你的情绪经常受到负面情绪的影响，那就要学习提升心领导力，让内心活动多一些，将负面情绪驱散（本书附录中附有控制情绪的冥想法）。

内心活动就是通过思维、想法，将负面情绪转化成正面情绪，如上述那位作家，在遭遇报摊老板的不屑时，内心愤怒是很正常的，但在愤怒的时候，他却可以在心里想：他不屑的表情不是因为我做错了什么，而是因为他不高兴，可能他遇到了什么烦心事儿，即便他不屑于我，我也完全没必要放在心上。他不过是一个报摊老板，而我和他的交集只不过是我需要他的报纸而已。

这一套心理活动进行下来，负面情绪就在无形之中消失了。从这个角度讲，善用心领导力来组织内心活动，等于提升了自己对负面情绪的免疫力。

生活是自己的，情绪也是自己的，让生活中的负能量影响情绪，或让负面情绪搅乱生活，都是极其愚蠢的行为。

英国诗人约翰·米尔顿曾说："一个人如果能够控制自己的激情、欲望和恐惧，那他就胜过国王。"负面情绪像空气一样流动在人群中，只有那些心领导力强的人才能对它产生抗体，进而将它阻挡在体外，不让它干扰自己的生活。

※心领导力法则※

掌握心领导力的一个重要法则就是控制内心活动，通过内心活动的方式，消除负面情绪，培育正面情绪，变负能量为正能量。当我们的心里不再有负面情绪时，就会发现生活中的诸多美好。

你为什么会冲动，为什么会内疚

小朱是一名即将毕业的警校学员，前途一片光明。他无论如何也没想到自己会在毕业前夕锒铛入狱。原来，有一天，小朱和几个同学到迪厅玩，其中包括小朱喜欢的女生。他们在舞池里跳舞的时候，几个小流氓凑过来，调戏了小朱心仪的女生，还对小朱拳脚相加。愤怒的小朱一下子爆发了，他拎起一个啤酒瓶向其中一名小流氓砸了过去。小流氓应声倒地，送医院后被确诊为重度脑震荡，小朱也因此事被判刑，追悔莫及。

心理学家说，人在冲动时会竭力释放自身的负能量，理性思维能力和情绪控制能力会同时下降，别人的好言相劝、自己的理性经验全都会被抛在脑后。因此，平日里容易冲动的人一定要多多修炼心领导力，遇事三思而行，切忌在情绪冲动的时候做出令自己后悔的事。

冲动犹如一匹失控的烈马，桀骜不驯，破坏力极大，但是缰绳始终握在我们自己手中，这样当别人说出触犯我们的话或是做出触怒我们的举动，我们只需要很短的时间就可以恢复理智。

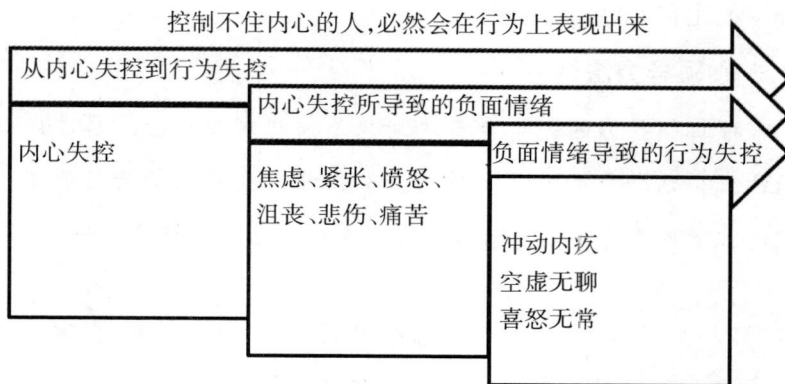

控制不住内心的人，必然会在行为上表现出来

从内心失控到行为失控

内心失控所导致的负面情绪

负面情绪导致的行为失控

内心失控

焦虑、紧张、愤怒、
沮丧、悲伤、痛苦

冲动内疚
空虚无聊
喜怒无常

当冲动扑面而来时，可以尝试用一些无关紧要的举动"干扰"愤怒。比如，可以做其他的事情，转移注意力，不在引起冲动的问题上"死磕"，这样那股冲动的能量就会渐渐消退。再比如，我们可以选择到宁静平和的环境中去，眼不见心不烦，良好的环境对心情有很好的疗愈作用。

冲动当头，理智的人懂得多方面思考。当你即将做出非理性的举动时，不妨想一想此举可能造成的严重后果。像前面案例中的小朱，如果他能预先想一想打架斗殴可能带来的不良后果，也不至于身陷图圄。另外，还可以进行换位思考，对方可能内心也同我们一样委屈，或是我们误解了对方的意图等等，这样可以帮助我们迅速"消弥"冲动的火焰，把自己从冲动的"地狱"中拉出来。

新东方教育集团创始人俞敏洪曾说："生活中，人们经常把冲动误当作勇敢。因为两者的外在表现是一样的，敢于放弃别人所不愿放弃的，敢于尝试别人所不愿尝试的。冲动往往是缺乏目标与规划的盲动，而勇敢是为了梦想而深谋远虑的行动。"

当我们面临人生抉择时，我们一定要分清楚自己的举动是否属于盲动。千万不要在一时冲动下，选择了不适合的工作或者嫁了不爱的人。

每个人都多多少少受过内疚情绪的影响。健康积极的内疚情绪是有益的，可以提醒我们改善自己的言行举止，照顾他人的情绪，使我们的心理更加健康。然而，现实生活中常常有人会出现过度内疚，严重影响其心理状态。

在电影《唐山大地震》中，有一位因在关键时刻被迫"二选一"、放弃女儿选择救儿子的母亲，她的一生都活在内疚当中。过度内疚的人，他们的心灵背负着沉重的枷锁，深陷在痛苦的往事中，甚至导致精神失常或结束宝贵的生命。

一位哲人说得好："内疚的人是生活在过去的人，他们不去体验现在的快乐，更没有明天的梦想，他们总是在不断反省自己的错误与过失。"

与其说他们沉浸在过去无法自拔，不如说他们意志力薄弱，没有勇气开始新生活。若如此沉溺于过去的阴影中，终会对不起未来，耽于往事的人终将一事无成。

泰戈尔有句名言："如果你为错过太阳而哭泣，那么你也将错过星星。"无论过去有怎样的痛苦经历，内疚和后悔解决不了任何问题。正如篮球场上的罚球，平时训练时运动员们几乎百发百中，而在争分夺秒、热火朝天的赛场上，命中率很大程度上由心态决定。特别是在罚失一球的情况下，第二投能否顶住压力，成了能否罚进的关键。善于把控内心的人懂得在适当的时候砸碎心理枷锁，以实际行动证明自己。

步先生是一位企业家，为了公司的发展，他把心思和精力都投入到了工作中。步先生的父母年迈，希望儿子能常回家看看，然而步先生一心扑在事业上，总想着等到自己有所成就再回报父母。天有不测风云，步先生的父亲突发心脏病，撒手人寰。步先生的母亲由于接受不了这个残酷的现实，整日在家以泪洗面不肯出门，而步先生也沉浸在自责中，后悔自己平时没有多陪陪父亲。一位朋友得知此事，专程来看望整日借酒消愁的步先生。朋友劝道："人死不能复生，趁你母亲还在世，好好孝顺，也能告慰你父亲的在天之灵啊。"步先生恍然大悟，立刻把忧郁的老母亲接到身边。他一有空就陪母亲聊天，节假日还带着母亲出去旅游。在步先生的悉心照料下，母亲逐渐恢复了健康，情绪也稳定了许多。

有些遗憾我们无法弥补，内疚者要学会宽容自己，早日从内疚的情绪中解脱出来，让自己过得轻松愉快一些，这也是对亲人最大程度的负责。

※心领导力法则※

冲动是一种不理智的行为，是一种让自己"丧失主权"的行为。让冲动失控，就是让自己的人生失控。内疚是二次伤害，当一个人从心底放下内疚，才是真正放过自己。用理智主宰冲动和内疚，会生活得更加快乐。

别让空虚和无聊成为生活的主角

空虚和无聊是谋害生命的两大恶劣情绪，它们潜藏在每个人的内心深处，在我们失去目标或情绪低落时偷偷溜出来，阻碍我们过高质量的生活。

空虚和无聊是人们在对前路迷茫、无所事事的时候传达给自己的一种负面情绪。陷入这种情绪的人既对当下没有目标，也对未来看不到希望。空虚和无聊不过是精神贫乏的人给自己平淡乏味的生活所找的借口，是对本该努力奋斗的生活的一种逃避。

法国化学家维克多·格林尼亚出生在一个很有名气的造船师的家庭里。家境优越，加上父母的溺爱，年少轻狂的格林尼亚不务正业，整日游手好闲、花天酒地。一次酒会上，格林尼亚邀请一位美丽的女伯爵跳舞。女伯爵对这位娇生惯养的公子哥心生反感，很不客气地在大庭广众之下对他说："请离我远一点，我最讨厌被你这样的花花公子挡住视线！"格林尼亚被这句话羞得无地自容。他猛然醒悟，下定决心要与自己荒唐的生活一刀两断。格林尼亚离开家，四处求学。经过名师指点，加上自己的努力，他用了两年时间补上了过去耽误的全部课程。在里昂大学里，他遇见了改变他命运的菲利普·巴尔教授。这位昔日的浪荡公子在 1912 年荣获诺贝尔化学奖。得奖后的某一天，格林尼亚突然收到那位曾经当众羞辱他的女伯爵的来信，信中只有一句话："我永远敬爱你！"

无聊和空虚的背后，往往潜伏着懒惰。即便一个天资聪颖的人，若不付出努力，最终也只会沦为平平之辈。每个人都要把握好自己，以防陷入空虚无聊的深渊，这样才能在残酷的现实中找到属于自己的幸福。

有不少人害怕一种状态——独处。独处常常能暴露一个人的内心世界是丰富还是空虚，在跟自己坦诚相见的过程中，人的空虚感会非常明显地显现出来。而且，欢声笑语的人群里也有寂寞的人，他们有着看似丰富的周末时光，不错过任何一次戏剧、展览、聚会或者出游，他们看似有许多人围绕，可是依然摆脱不了内心的空虚。让这些人深感空虚的，不是外面的世界，而是他们空虚的内心。

成熟的人一定能经受独处的时光，他们往往利用独处的时光同自己的心灵对话。很多看似内向的人却有着丰富的内心世界，他们独自阅读，独自旅行，内心一片鸟语花香。天真的孩童最能做真实的自己，他们可以几小时玩一颗玻璃球，或者看一群蚂蚁搬家。

当一个人没有目标的时候，空虚和无聊就乘虚而入。目标像是大海中的一座灯塔，虽不能帮人们完全驱散周围的黑暗，但却可以给人们足够的勇气和动力继续向前。即使是很小的目标，也能给你的生活增添动力。比如在周一为自己买一张周末的电影票，这样就有可能度过充满干劲的一周。

当然，目标是一定要落实到行动上来的。一些富豪明明有着一生吃穿用度不愁的财富，却依然选择工作，以使自己的人生健康精彩。

小丁的奶奶今年七十有余，身子骨十分硬朗，气色也相当不错。和一些早早享受退休生活的老人不同，丁奶奶习惯什么事都亲力亲为。老人家买菜、做饭、洗衣，还把家里收拾得井井有条。小丁的父母平时工作繁忙顾不上家，他们觉得母亲太辛苦，便给丁奶奶请了一个保姆。保姆承担了所有家务活，小丁也到外地上大学。如此一来，丁奶奶突然觉得心里空落落的。几个月后，一向硬朗的丁奶奶突然生病了，整天吃不下饭，夜里还失眠，这可急坏了大家。医生检查后，原因居然是太闲了。丁奶奶几个月来无所事事，失去目标的她空虚又难过，自然就生了病。医生提议，让丁奶奶参加社区活动，多跟邻居、朋友聊聊天，也可以养小猫小狗。一段时间后，丁奶奶果然恢复了精气神。

当你感到空虚无聊的时候，不妨培养一些兴趣爱好。假如你是个喜爱下棋的人，不如多看几本棋谱，找几个同道中人切磋一下。假如你喜欢唱歌，不如把自己擅长的曲目练习一下，不仅聚会交友的时候可以露一手，没准儿还能在诸如公司年会等活动场合派上用场。拥有的兴趣爱好越广泛，空虚无聊的可能性就越小。总有喜爱的事情可做，就能够把每天过得滋润又充实。

※心领导力法则※

车尔尼雪夫斯基有如是名言："生活只有在平淡无味的人看来才是空虚而平淡无味的。"一个将空虚与无聊当作人生主旋律的人，是不可能享受到生活的美好的。

别像个孩子一样喜怒无常

生活中，我们总能遇到这样一种人：情绪起伏非常大，就像小孩子一样喜怒无常。开心的时候，似乎美好的未来就在面前招手；难过的时候，好像全世界都抛弃了他。这种类型的人总是任由情绪牵着鼻子走，在情绪的漩涡中难以自拔。

一位饭店老板因为不满顾客的胡搅蛮缠，口舌之余，竟然把杯子里的水泼向顾客。

一对夫妻因为一些鸡毛蒜皮的小事闹矛盾，双方把陈芝麻烂谷子的事情拿出来互相嘲讽指责，像仇人一样抓住对方的痛处攻击。

老板听到下属的一句反驳，就觉得自己的权威和尊严受到了挑衅，于是处处为难这名下属。

……

过于情绪化的人容易为微不足道的事大喜大悲，情绪操控能力很薄弱。要知道，情绪对人具有无形的操控力。积极的情绪可以让人充满正能量，容光焕发；消极的情绪能瞬间让人麻木颓废，就连周围的人也会不知不觉被这种负能量所感染。当一个人完全被情绪牵着鼻子走的时候，他往往对周围美好的事物视而不见，把别人的善言善举当成讽刺挖苦，把别人的需求屏蔽在自己的堡垒之外。当一个人不能跟自己的情绪做朋友时，就会成为情绪的奴隶。

有一位好斗的武士向一位老禅师请教天堂和地狱的含义。老禅师品了一口茶，淡淡地说："你性格乖戾，为人粗野，好凶斗狠，我可没有闲工夫跟你坐而论道。"话音未落，武士气得拍案而起，拔出佩剑指着禅师，瞪着眼睛吼道："你竟然敢对我这样无礼，看我一剑杀死你！"禅师面不改色，缓缓说道："这就是地狱。"武士听罢，羞愧地抬不起头来，他万分后悔地向老禅师谢罪："感谢您的指点，请您原谅我的无知。"禅师微微一笑说："这就是天堂。"

生活中，我们要和很多人沟通交流，这样的"天堂"和"地狱"可能每天都要经历无数次。喜怒无常的人对外界事物过于敏感，对内心感受过于在乎。上班前跟家人拌了几句嘴，挤地铁遇到了没有礼貌的人，一进公司就看见那个让自己反感的同事……这些琐碎的小事，都有可能影响到我们的情绪。

既然这样，我们该如何避免被情绪牵着鼻子走呢？首先，我们得承认自己情绪不稳定，接受容易悲喜的自己。每个人都有优缺点，喜怒无常的人并不意味着没有优点。

其次，每个人都有自己独特的个性和性格，在遭遇外界形形色色的刺激时，难免在一定程度上表现出喜悦、悲伤、激动、愤怒，这是很正常的事情，不必看得过重。情绪有时会变成一把无形的利刃，砍掉人们的理智，刺穿人们的思考，让举止优雅的人歇斯底里、言行失控。老子说，能够控制自己才是强者。翻开历史典籍，那些名垂青史的人常常是情绪掌控力非常强的人。

苏格拉底是古希腊最负盛名的哲学家之一，却娶了一位悍妇。这位性情很好的大哲学家从来不跟妻子吵嘴怄气。有一次，苏格拉底正和朋友交谈，怒气冲冲的妻子跑过来对他大发雷霆，并且向他头上泼了一桶水。苏格拉底非但没有恼羞成怒，反而笑着对友人说："我早知道，打雷之后必定会下雨的。"友人笑了起来，苏格拉底的妻子羞愧地走开了。

有这样一句话："上帝欲使其灭亡，必先使其疯狂。"一个正常的人可能因为愤怒而变得疯狂，而理智的人知道如何抵御不良情绪的

"冲击"。

据传，晚晴名臣林则徐的脾气比较暴躁，他也深知自己的性格，于是在家中悬挂了一块牌匾，上书两个大字："制怒"。每当林则徐的情绪即将失控的时候，他就抬起头望望牌匾，将心中的怒火压下去。有一次，他一怒之下摔碎了一个茶杯，当他看到牌匾后，便自己动手清理了茶杯的残片。

古人言："主静则悠远博厚，自强则坚实精明，操存则气血循规而不乱，收敛则精神内守而不浮，是勤可以致寿考也。"大意是，如果一个人可以做到心平气和、不骄不躁，就能变得心宽敦厚；有高远的志向自强不息，则可以坚定不移，进退有度，新陈代谢、气血运行就井然有序；为人处世有底线有收敛，持守良好的精气神而不耗散，就不会成为虚浮的人。

成功学导师安东尼·罗宾说："成功的秘诀在于懂得怎样控制痛苦与快乐这股力量，而不是为这股力量所反制。如果你能做到这一点，就能掌控自己的人生。反之，你的人生就无法掌控。"

※心领导力法则※

喜怒无常是一剂毒药，我们不应该被喜怒无常的情绪牵着鼻子走，而应当做情绪的主人。努力提升情绪掌控力，收束自己的心神，成功地管理突如其来的不良情绪，才能无往而不利。

第二章

控制内心，用心性领导智性

　　人生的成功靠的是勤奋和智慧。智慧之性决定着我们如何待人接物，如何处理问题，如何把握机会，如何成就事业。即便我们有待人接物的方法，处理问题的技巧，但是当内心不受控制时，依然可能因为冲动而让事情变得一团糟。所以，在智性之上，需要有一个心性来领导，用心性来领导智性，才能将智慧引导到正确的轨道上来。

想成为什么样的人，便可以成为什么样的人

一位老人因第二次世界大战而未能圆大学梦。后来，他年事已高，依然想考大学。可是在复习迎考的过程中，老人总是给自己找借口，一会儿说年纪大了，一会儿说记忆力不好，兜兜转转好多次，最终还是放弃了。

人生最无奈的便是自我设限。一个人一旦给自己贴上消极的标签，那么世界就会在他面前设下重重障碍。而那些贴在自己身上的"我不行"标签，很多时候仅仅是个借口。给自己贴标签的人自以为可以利用这些"标签"活得轻松点，殊不知这些负面暗示在无形中会屡屡挫败自己的信心。时间一长，给自己贴标签的人会产生自卑心理，人生自然也就变得平庸了。

生活中，我们常常看到很多刚入社会的人意气风发，认为没有做不到的事情，但是经历几次失败后，意志不够坚定的人便开始抱怨命运，开始怀疑自己的能力，把当初的目标一降再降。

生物学家发现，在没有任何限制的情况下，跳蚤能从地面跳起一米多高。但是，如果在一米左右的高度放置一块玻璃，跳蚤每次跳起来都会撞到玻璃。数日后，拿掉那块玻璃，会发现，虽然这只

跳蚤仍然具有跳跃的能力，但其跳跃高度已经无法达到玻璃以上了，直到生命结束都是如此。

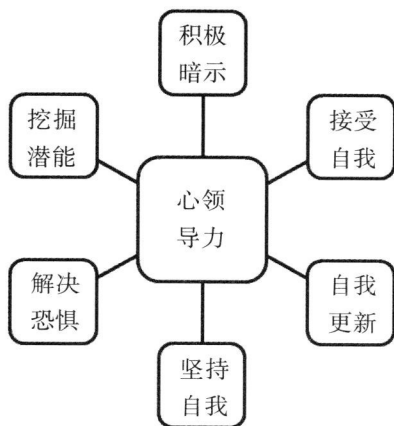

心领导力的本质之二：通过用心性领导智性的方法，来不断完善自我，成就自我。

我们的内心何尝没有这样一块玻璃？我们心中的那块玻璃为我们设置了种种高度。一旦我们试图突破自己，想去做之前没有做过的事情，它就会提醒我们：这是不可能做到的。于是，很多年后，我们依然停留在某个阶段。你如果心怀伟大的志向，就一定要砸碎内心的玻璃。

在美国的航天基地，一根大圆柱上镌刻着这样一句话："If you can dream it, you can do it."意思是说，如果你想成为什么样的人，你就可以成为什么样的人。

一个人心中对自己的认定，往往会影响未来的前途和命运。如果一遇到困难就急忙自我设限，觉得自己不行，那么结果什么事都难做成。心理暗示是决定成败的一个重要因素，一个人如果认为自己会失败，那么结果往往不会太好。

斩获四项奥斯卡大奖的影片《国王的演讲》，其主人公艾伯特王子就是一位突破心理极限的典范。他的口吃属于复杂的语言失调症，这和他的人生经历有很大关系。各种负面的心理情绪与外部压力，都会让艾伯特王子的语言失调症恶化。在艾伯特王子的父亲乔治五世过世之后，一次机缘巧合，艾伯特终于袒露了内心的脆弱："我的母亲爱兄长不爱我，连看出这些的保姆也常常让我饿肚子。"在强势父亲的光环下，小艾伯特胆怯寡言；在兄长的鄙夷和嘲笑下，小艾伯特的自尊心和自信心受到严重创伤。他从恐惧面对家人的眼光慢慢演变到害怕公众的眼光。幸运的是，他遇到了语言治疗师莱昂纳尔，两人成为挚友。在好友的帮助下，艾伯特缔造了战胜自我的传奇。

每个人的内心或多或少都会有一些"暗角"，关键在于我们是否有面对的勇气和担当。无论是国王还是平民，都拥有改变自己命运的权利。你对自己的未来有期待吗？希望站在不曾达到的高度看新的风景吗？如果你的答案是肯定的，并且愿意为之努力，那么凭借自信和能力，你就很有可能从险恶的困境中解脱，改变自己的命运。

弗里兰在铁路上做事，他的工作是在一辆三等火车上加煤，收入微薄。这天，工人们吃饭的时候闲聊起未来的生活。一位老工人对弗里兰说："你现在只不过是个加煤工人，就以为自己发了财吗？告诉你吧，你现在这个职位再坚持四五年才有升成司机的可能，到时候月薪可以涨到 100 美元。如果你幸运地没被开除，你这辈子就可以安心地在这里做司机了。"

出乎这位老工人意料的是，弗里兰听完后坚定地说："你以为我做了司机就满足了？我的心愿是做铁路公司的总经理！"当他这句话说出后，得到的是众人的哄堂大笑。但谁能想到，后来弗里兰真的成为了大都会电车公司的总经理。

感叹命运的不公不仅影响心情，更糟糕的是它将成为前进路上的绊脚石。很多人未能成功的原因是为自己的内心设了限，给自己设置了无形的壁垒。

静下心来，好好想想，你想要什么，并以此激励自己，梦想定会实现。

※心领导力法则※

英国有句谚语："当你有了天才的感觉，你就会成为天才；当你有了英雄的感觉，你就会成为英雄。"

只有自己先相信自己，才可能赢得他人的信任。心中不设限的人即便处在人生的低谷，也不会怀疑自己。因为他们明白，一旦怀疑自己，将来也就彻底没有希望了。

接受不完美的自己

俗语说："金无足赤，人无完人。"每个人都不可能是完美的。遗憾的是，很多人没有勇气面对自己的不完美，总是在有意无意地掩饰自己的缺点。一些人更是抱着追求完美的心，把自己的生活搞得一团糟。

美国一位心理学家曾为名叫洛蕾丝的女生进行心理治疗。洛蕾丝长相出众，但骂起人来粗俗不堪，还染上了吸毒的恶习。这位心理学家通过催眠术回溯洛蕾丝的童年经历，发现她小时候学习成绩优异，体育更是出类拔萃，因此常招来其他人的嫉妒和讽刺。原本优秀的落蕾丝很享受这种高高在上的感觉，但听到外界的嘲讽后，她难以接受甚至受到严重打击。于是，洛蕾丝走向另一个极端：开始破罐子破摔。

百分百完美的人是没有的，唯有接受自己的不完美，才有进步的可能。

很多人有这样的错误行为：为了避免失败与挫折造成的各种难堪，尽量规避生活中的挑战。他们认为避免在职场上输给对手的最佳方法就是不上班，避免被异性甩的最好方法就是不向对方告白

23

……只要不与人打交道，就不会受到伤害。与其在各种竞争环境下受挫，不如一个人落得轻松自在。

但人毕竟是社会性动物，只有融入社会才能实现自身的价值，否则就算在无人岛上开名车、住豪宅，也感受不到幸福。人生就是不断遇到困难和挑战困难的过程，唯有鼓起勇气迎接挑战并达成目标，才能尝到幸福的滋味。

对于身体或外貌缺陷，同样应该坦然接受，这样幸运才可能降临到我们的头上。

小黛莉天生拥有一副动人的歌喉，却有着一口长相不雅的暴牙。一次，小黛莉参加当地举办的歌唱比赛，由于她只顾着掩饰自己的暴牙，唱歌时把上嘴唇向下撇着，结果发挥不佳，遭到观众嘲笑。当时，有位评委到后台对失落的小黛莉说："你肯定会成功的，你有音乐天赋，但你必须忘掉你的暴牙。"

回到家后，小黛莉开始反思，决心正视自己的暴牙，并终于走出了心理阴影。长大后的黛莉在一次全国性的歌唱比赛中，以极富个性化的歌声征服了观众和评委。最终，她成为美国著名的歌唱家，而暴牙也成了她的标签，很多歌迷都夸赞她有一口漂亮的暴牙。

如果你还在为自己的不完美愁肠百结，不妨试着以不同的眼光看待自己的短板，看看那些"不完美"给你带来了什么积极的影响。当你认真审视跟随自己多年的"老朋友"时，说不定会觉得它很可爱呢！

很多人痛恨自己的不完美，渴望改变现状，殊不知若无法认清现实接受真实的自我，整天为此而痛苦自责、抱怨愤怒，对改变现状是毫无益处的。这些抱怨与自责会消耗掉我们很多精力，那还怎么有精力做有意义的事情呢？

只有坦然接受不完美的自己，才有时间思考人生的真正意义，才有可能在现有的基础上不断补足自己。事实上，正是因为有缺憾和不完美，我们的生活才丰富多彩。

请把对自己不完美的自责和对现实的不满抛掉吧！这样做不是逃避问题，而是要把更多的精力和能量用在创造更好的自我与未来上。如此，相信我们一定能收获更好的自己。

※心领导力法则※

季羡林先生曾说："不完美才是真的人生。"我们可以力争完美，但不可能达到绝对的完美。若因不完美便怨天尤人甚至自暴自弃，那无异于因瑕疵而弃美玉了。

成功的智慧来自不断被推翻的过程

每个人来到世上，都如同一支离弦的箭，不容回头，只能向前，向前，再向前。每个人都有特属于自己的结果和归宿：或成功，或失败，或轰轰烈烈，或平淡如水。

有了方向，这支生命之箭就能飞抵目的地吗？答案是否定的。在开弓放箭之前，我们不得不考虑诸如风向、风速等各种影响因素。即使在我们这支"利箭"飞行的过程中，如果没有针对不利因素进行很好的修正，要想射中目标仍然是很困难的。

王女士请一位钢琴调音师给孩子的钢琴调音。经验丰富的调音师锁紧了每一根琴弦，让它们的紧绷程度恰到好处。待调音工作结束，王女士向调音师询问价格。调音师笑了笑说："不急，等我下次来的时候再付吧！"王女士不解地问道："下次？这是什么意思？"调音师说："明天我还会再来。此后的一个月里每周来一次，接下来每三个月来一次。"

王女士一头雾水，问道："调音不是结束了吗？难道还有问题吗？"调音师说："我是调好音了，可那只是暂时的。要让琴弦弹出正确的音符，就必须不断修正，所以我得再来几次，直到琴弦始终维持在适当的紧绷程度。"听完调音师的话，王女士不禁感叹道："原来调音还有这么大的学问！"

如果我们希望实现一个短时间内无法达到的目标，就得像钢琴的调音工作一样，不断修正自己的方向。当我们沿着目标走一段之后，发现方向与目标有所偏离，或是所处的环境已发生了变化，就不要一条道走到黑了，而要及时对目标进行调整。

人生路上难免会遇到岔路口，谨慎选择才能确保大方向不偏离，仓促选择易步入歧途，放弃选择则会迷失方向。调整目标并不是对初心的背叛，只要设定自己的生命优先级，懂得取舍，多次推翻和重建又如何？忠于自己的远大目标即是对生命的最大尊重。

坚持做自己很难，不做自己也许更难。当我们为了理想不得不推翻曾经的自己时，难免会因脱离自己的"舒适区域"而痛苦。这时候，我们需要不断在改变中调整、提高直至浴火重生。

前进的道路不会一帆风顺，对潜藏的危机和困难，我们需要不断克服和校正，唯有如此才不会半途而废或偏离方向。

确立目标并不难，困难之处在于实现的过程。这一过程不但要求我们有勇往直前的豪情壮志、不畏艰难险阻的毅力和勇气，还要有抵御诱惑、排除干扰的免疫力。消极懒惰、贪图享乐、不利因素的干扰、一时的鲜花掌声，都有可能让我们裹足不前，使我们的人生航向发生偏离。变数是不可避免的，关键是怎样去克服它、规避它。

在人生路上，有时好走的路不一定是大路，而是小径。在现实中，有时最便捷的路不一定是直路，而是曲折的路。推翻固守的成见未必是浪费时间，这样的经历反而会让人发现更多精彩。人生道路虽然曲折却很美丽，只要留心观看，就能饱尝沿途美景。

《不能承受的生命之轻》的作者米兰·昆德拉曾说："每粒种子都有适合自己生长的土壤。"我们要做的就是不懈追求适合自己生长的土壤。

成功的智慧来自不断被推翻的过程。人生犹如一张设计图，需要在前进途中不断修正和改变，这样才可以设计出一个理想的作品。

※心领导力法则※

苦难并不可怕，挫折面前也无须烦恼忧伤。不要抱怨生活中的曲折和不公，只要心中常存信念，通往梦想的道路就不会中断。

尝试着去做，你会发现害怕是多余的

"恐惧"是人类进化过程中遗留下来的原始情绪，它的积极影响在于能促使人们远离危险、保护自己。但是，过度恐惧往往会使人方寸大乱，无法做出合理的选择和准确的判断。

2003年春天，一场突如其来的"非典"疫情打乱了国人平静的生活。很多人惊惶失措，不敢出门，不敢跟人说话，每天无数遍洗手，四处打听各种预防药方……

那些心领导力不强的人把事情变得更糟糕：北京一位市民由于恐惧"非典"的传播，竟然把三千元人民币放入微波炉里消毒，结果纸币被引燃，造成了财产损失；陕西一所中学擅自开药方，导致一百多名学生药物中毒。

恐惧考验着一个人的成熟度和承受力，如果一个人不能战胜恐惧，那么等待他的可能就是悲剧。

美国加州大学学生凯瑟琳到姑姑家过暑假。正巧，凯瑟琳的生日就在开学前，所以姑姑的女儿茱莉亚决定准备点惊喜为她庆生。到了凯瑟琳生日这天，一家人到电影院看电影，茱莉亚借故先回家准备生日惊喜。凯瑟琳和姑姑、姑父回到家，发现屋子没亮灯，喊茱莉亚也无人应答。

由于不久前当地发生了多起入室强奸案，媒体一再提醒人们小心防范。茱莉亚的父亲顿时紧张和恐惧起来，他本能地掏出了手枪。虚掩着的门被轻轻推开，茱莉亚开始唱生日歌。与此同时，枪声响起，悲剧发生了。茱莉亚胸口中枪，在送往医院的途中停止了呼吸。事情发生后，茱莉亚的父亲追悔莫及，一家人陷入无尽的悲痛之中。

在这个案例中，恐惧成为了邪恶的推手。因为恐惧，茱莉亚的父亲产生了"入室强奸犯"的幻觉，他拿起枪，搜寻着"入侵者"；因为极度恐惧，茱莉亚的父亲甚至没有听出女儿唱歌的声音；更是由于恐惧，茱莉亚的父亲没看清枪口对准的是谁就开了枪。

如果恐惧的是现实中存在的事物，人们总能想方设法避开，以此来减轻或消除恐惧感，但可悲的是，人们所恐惧的往往是自己想象出来的事物。比如恐惧失败，是因为人在"以成败论英雄"的标准下，潜意识里有"失败意味着否定一切"的念头。恐惧是人心头的木柴，一旦以想象为燃料，那么一切都将化为灰烬。

不要用不可能发生的事情来恐吓自己。想要克服恐惧，我们一定要鼓足勇气，迎接挑战，采取有效行动。

一位天资聪慧的年轻僧人在修行方面遇到了瓶颈。他每次坐禅，在快要达到入定的境界时，总会出现一只黑蜘蛛干扰他的清修。僧人苦不堪言，便向禅师求助。

"师父，我需要您的指点。每当我禅修即将上一个台阶时，一只黑蜘蛛就会出现，让我的修行前功尽弃。如果这样下去，我永远都无法参禅悟道。师父，您说我该怎么办呢？"

禅师微微一笑，说："这样吧。下次你修行时黑蜘蛛再来打扰你，你就拿出毛笔在蜘蛛的肚子上画个圆圈。我们好好瞧一瞧，它是哪里来的怪物。"

于是，年轻僧人又开始坐禅，禅师在他身边静默不语。僧人即将入定，黑蜘蛛果然又来扰乱他了，年轻僧人飞快地用身边的毛笔在黑蜘蛛的肚皮上画了一个圆圈。等他坐禅结束，便四下找寻做了标记的黑蜘蛛。他偶然间俯身，竟发现自己的肚皮上画着一个黑色的圆圈！在一旁观察许久的禅师笑着说："很多恐惧和困扰是自己造成的，原来那只扰人的黑蜘蛛就是你自己，是你的心在阻碍你修行啊。"

产生恐惧的因素有很多种，其中一个关键的因素就是把过多的心思用在负面幻想上，而没有积极进取，顽强拼搏。殊不知，每一次害怕或者恐惧都是内心成长的机会，假如我们能战胜恐惧，我们的人生离成功就近了一步。

战胜恐惧需要战胜错误的记忆。从心理学角度来看，有些恐惧的根源在于错误的记忆。举个例子来说，小时候若被大狗攻击过，长大后见到大型犬很有可能就会产生恐惧的心理。这是因为，小时候被攻击的影像早已存进了记忆银行，当遇到相似情况的时候，记忆银行就会把这件事提出来，并告诉人们"这令人恐惧"或"这是不可能成功的"。所以，当恐惧的记忆冒出来后，我们一定不要退缩，而应勇敢地走上前去，战胜错误的记忆，战胜自己。

※心领导力法则※

美国作家艾琳诺·罗斯福说："我认为克服恐惧最好的办法，是面对内心恐惧的事情，勇往直前地去做，直到成功为止。"面对恐惧，心领导力强大的人总是选择直视它。敢于直视，才有可能战胜，而一个不敢直视恐惧的人终将成为恐惧的奴隶。

信念不移，一步一步往前走

人在不同阶段，常常会陷入不同的焦虑中，这些焦虑大多是因为对当下境况的不满、对未知的将来恐惧而产生的。

对当前的境况不满，并不一定是坏事，如果能因为不满足当下而奋发图强，拼出一个未来，未尝不是一种自我鞭策。然而，如果长时间陷入负面情绪中，进而对未来产生怀疑，那么生活就会陷入停滞，人也会开始颓废，进而沉沦于悲观绝望的情绪中难以自拔。

有一个叫查尔斯·舒尔茨的青年，他自认为在绘画方面有天赋，为此向迪斯尼公司投递了简历。在他看来，自己至少可以在迪斯尼获得一个实习的机会。

查尔斯·舒尔茨并不是一个非常乐观的人，他从小学习成绩就不好，曾经连续几年倒数第一。舒尔茨头脑简单，四肢也不发达，全校的运动队只有高尔夫球队因为招不到队员才破格选他为替补队员。在一个赛季唯一出场的一场比赛中，他将全队的成绩拖落了二十几杆，愤怒的队长最后将其开除。舒尔茨还是一个很害羞的人，在社交场合从来就看不见他的人影。

有这样的青春，舒尔茨对生活的不满是理所当然的，好在他对于自己的绘画天赋比较有信心。然而，他好不容易树立起来的信心还是受到了打击——迪斯尼拒绝了他。

舒尔茨一度迷茫，躲在家里什么也不想做。好在他没有放弃自己，百无聊赖之际，他尝试着用画笔描绘自己平淡无奇的人生经历。他画出了自己灰暗的童年、不争气的青少年、一个学业糟糕的不及格生、一个屡遭退稿的所谓艺术家、一个没人注意的失败者。他的画融入了自己多年来对绘画的执著追求和对生活的真实体验。

连舒尔茨自己都没想到，正是这绝望中的最后一笔为他打开了成功的大门，他塑造的漫画角色一炮走红。他的连环漫画《花生》很快风靡全世界，后来更是创造了家喻户晓的漫画人物——史努比。舒尔茨最终成为享誉世界的漫画大师。

看来，成功者和普通人一样，有着充满遗憾的青春，有过无法令人满意的时光。所不同的是，他们即便在悲观的情绪下，仍然会一步一步向前迈进，不管前方崎岖还是平坦，都一步一个脚印地坚持向前。

一位年轻的画家，在他刚出道的时候，三年没有卖出去一幅画，生活窘迫的他感到非常苦恼。于是，他去求助一位知名的老艺术家。到了老艺术家那里，他将自己的苦恼和盘托出，问为什么自己整整三年连一幅画都卖不出去。老艺术家微微一笑，问他完成一幅画大概需要多长时间。年轻人的回答是一两天，最多不超过三天。老艺术家听了哈哈一笑，狡黠地对他说："年轻人，其实我也是像你这样的啊，不过是把时间颠倒过来，我用三年的时间画一幅画，画好后不到三天就卖出去了。你那方法不行，要不要试试我的方法？"年轻人听了老艺术家的话，恍然大悟。

这个故事为我们诠释了一个哲理：成功不是一蹴而就的，只有那些静下心来应对长时间苦难与挫折的人才能够绳锯木断，滴水穿石。

"十年磨一剑"，是一个成功者必备的心态。太史公司马迁写《史记》用了 18 个春秋，班固写《汉书》用了 20 多年，王充写《论衡》历时 30 多年，许慎用 22 年才完成《说文解字》，玄奘写《大唐西域记》用了 17 年，司马光写《资治通鉴》用了 19 年，王祯写《农书》花了 15 年，徐弘祖写《徐霞客游记》历时 34 年，宋应星写《天工开物》用了 20 年，李时珍写《本草纲目》花了 27 年。看看这些古代先贤，那位没有经历过一段相当长的艰苦卓绝的守望？

社会发展越来越快，飞快的生活节奏和纵横的物欲让许多人变得急功近利，总想不劳而获或者少劳多获，殊不知正是这种心态使得今天真正的成功人士越来越少。真正的成功人士必定是那种熬得过时间、挺得过风浪、不为一次次挫折所击败的人。

不少人在刚步入社会的时候拥有雄心壮志，可是当他们遇到挫折时就变得畏缩不前，诚惶诚恐。这样的人，这样的心态，无论如何是很难和成功沾边的。

在悲伤的情绪下，你可以低头，但不要停下前进的脚步。再远的征程也是由一个个脚步组成的，这些脚步中有些固然坚实，但有些也会出现趔趄甚至摔倒。一个心怀目的地的旅行者是绝对不会因为摔倒几次就放弃前面的美景的。同样，作为想闯出一片天地的我们来说，也不应该由于一时的失败而放弃拼搏。

※心领导力法则※

但行好事，莫问前程。人生路上，不需要一次性背负所有的包裹，有的包裹可以等到该背的时候再背。活在当下，信念不移，一步一步往前走，未来就是可期的。

自我暗示，挖掘潜能

所谓潜能，是指蕴藏在人体内的一种强大的力量，这种力量一旦被激发出来就会创造奇迹。

那么，如何把潜能挖掘出来呢？

一个重要的方法就是在潜意识里寻找。所谓潜意识，指的是人类心理活动中无法认知或没有认知的部分，是已经发生但并未达到意识状态的心理活动过程。我们用两个故事来解释一下。

有一位女士严重失眠多年，看了很多家医院都没有什么效果，这令她痛苦万分。一次，她遇到一位年轻的医生，当这位医生听完她的病情后，给了她一片安眠药，说："试试吧，这是新推出的药，很多病人吃下去后都不再失眠了。"果然，那一夜她沉沉睡去，一觉到天明。

在接下来的几年里，她每周都会准时去那位医生那里拿药，然后在夜晚安然入睡。后来，果真如医生所言，她的失眠彻底好了，不再需要吃药。她不知道的是，除了第一天医生给她的是普通的安眠药外，之后医生给她的都是普通的维生素。

还有一个故事，说的是一个患有哮喘病的人。有一天，这位哮喘病人睡至半夜，老毛病发作了。他靠坐在床上，感到呼吸困难，胸部憋闷。黑暗中，他摸索了好一阵子，才找到窗户。糟糕的是，无论他怎么使劲，也无法将窗户打开。情急之下，他挥拳将窗户上的玻璃击碎。顿时，他感觉一股凉爽的新鲜空气迎面扑来。他探身对着被击碎的窗口深深地吸了几口，哮喘明显减轻了。然后，他摸索着回床躺下，不一会儿就安然入眠了。第二天醒来，他惊奇地看到昨天被自己一拳打碎的不是窗户上的玻璃，而是墙上挂钟的玻璃。

从上述两个故事中可以看出，所谓的潜意识就是对人主观意识的一种肯定，说得更直接一些，就是一种强烈的自我暗示。哮喘病人认为自己打开了窗户，并不断地加强这种意念，结果就算窗户没有打开，他也战胜了哮喘。

心领导力的一个重要部分就是通过控制内心，加强自我暗示。普通人的自我暗示在很大程度上是逆主观意识而行的，比如走在高空的铁索上，很多人会暗示自己：万一掉下去会怎么样、万一站不稳会怎么样。心领导力强的人则不然，他们给自己的暗示是：我现在站在平地上，这个高空是不存在的。

两者对比，后者毫无疑问更能带来积极的情绪，而在积极的情绪之下，人的能量会得到更好的激发，也就更容易获得成功。

其实，每个人的内心深处都潜藏着强大的力量，即便失败者也是如此。这种力量平时不会展现出来，只有当遭遇特殊情况时才会被激发出来，这就是关键时刻的自我暗示。

为什么人们平时无法拥有这种强大的力量呢？那是因为他们没有办法控制潜意识，无法自如地进行自我暗示，而心领导力教给读者朋友的，就包括如何通过情绪、行为的控制，掌握自我暗示的能力。这也就意味着，每个人都是潜在的成功者，问题的关键是，这种潜在的能力如何发挥出来，又如何作用于生活和事业？这就需要读者朋友通过对本书后面内容的学习，来掌握它。

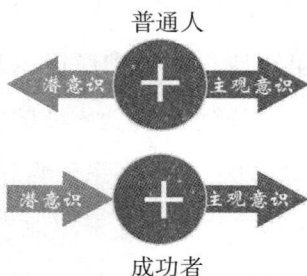

普通人

潜意识 ← + → 主观意识

潜意识 ← + → 主观意识

成功者

※心领导力法则※

歌德说："没有人事先了解自己到底有多大力量，直到他试过以后才知道。"在最危急的时刻，人往往能迸发出连自己都意想不到的超能力。心领导力强的人懂得在适当的时机逼自己一把，这并不是让你为难自己，而是不逼自己一把根本就不知道自己有多大潜能。

Part 2

锻造心领导力,从了解自己开始

第三章

认识自我，方能追求外物

我们总说"知人者智，自知者明"，如果将"知人"看作是对外部世界的了解，那么对外部了解得越多，得到的智慧也就越多。然而，如果没有"自知"这个前提，那么即便知道再多外物，对我们的成长也没有用。

深入了解自己

人生不到最后一刻，就不能下定论。随着年龄的增长，我们逐渐加深了对世界的认识。在日复一日不断对世界加深了解的过程中，少年渐渐变得练达成熟，幼稚渐渐变成稳重，对世界不断认知的过程，也正是提高的过程。

然而，世界毕竟是外部环境，个人的成长要依托外部环境，但更重要的是内在因素，也就是每个人自身的能量。因此，一个人如果想在社会上立足，除了要加深对世界的了解，还要加深对自己的认识。

古人说："知人者智，自知者明。"如果我们将这句话中的"知人"看成是对外部世界的了解的话，那么对外部了解得越多，得到的智慧也会越多。重要的是，若没有"自知"这个前提，达不到"明"的境界，也就没办法增加更多的智慧和才干。一个人明确笃定的内心才是"根"，建立在此基础之上的经验是"枝"和"叶"。想要这棵树长得枝繁叶茂，就需要树根不断汲取营养。因此，人们常说这个世界上最重要的事就是深入了解自己。

古往今来的有识之士都将发掘自己的内心看作是不可替代的学

问。梁漱溟先生说："深深地进入了解自己，而对自己有办法，才得避免和超出不智与下等。这是最深渊的学问、最高明最伟大的能力或本领。"佛教亦有"内观"的说法，意思是深刻地觉知自己。希望世界给你什么，就先要求之于自己。

认识自己是获得心领导力的源泉。道理十分简单，当一个人真真切切认识到自己的能力时，就不会挑战能力之外的事；当一个人明明白白认识到自己的成就时，就不会去标榜超出成就的声誉。因此，这个人可以少走许多弯路，在人事更迭中能够处变不惊。

张朝阳从小好奇心强，凡事不服输。他喜好阅读，学过画画，做过飞机航模，拉过二胡，人类的优秀智慧成果他都想去了解，去吸收。张朝阳中学时代的志向是当物理学家，他认为只有在学术上达到一个顶点，才能积累足够的知识去改变世界。1986 年，张朝阳如愿获得李政道奖学金，赴美国麻省理工大学学习。

1993 年，张朝阳在麻省理工学院攻读了几个月物理学博士之后，突然觉得自己不适合纯理论研究："在物理实验中，我发现我是个操作型的人，特别注重结果，不能容忍搞一套理论，而这套理论要在100 年之后才能得到验证。"

张朝阳看清了自己，未来的发展方向在他面前逐渐清晰起来。当时他在麻省理工学院任亚太区中国联络官，可以经常回国，这让他看到了祖国日新月异的发展变化。张朝阳有了回国创业的强烈愿望，并且在美国硅谷遍地创业的影响下，他认识到互联网经济惊人的商业和社会价值。1996 年 8 月，张朝阳手持风险资金，回国创建了爱特信公司，并于 1998 年正式推出品牌网站——搜狐网，同时，他将公司更名为搜狐。

几乎每个人都知道了解自己的重要性，然而如张朝阳一样做到这一点的人却少之又少。深入了解自己需要一个过程，必须以足够成熟的心智和客观的态度为基础才能完成。然而，有难度并不意味着不可能，倘若我们能够从以下三方面入手，还是能够完成了解自己的过程的。

第一，深入了解自己，意味着觉知自己的思维方式。人的思维有理性和感性两方面，能够对自己的思维加以了解是认识自己的前提。有时候我们凭直觉处事，有时候凭借逻辑思维理性判断，有时候是在情感的驱动下做出某些举动。锻炼心领导力的过程，正是一个客观面对自己思维方式的过程，这也是一个人了解自己的第一步。

第二，深入了解自己，要聆听自己真实的心声。每个人内心都有渴望的东西，只是生活中有太多的无奈，使我们不得不掩饰自己的真实想法，做出违心的选择。然而，人生最关键的路只有几步，在关键时刻倾听内心的声音，无疑能让今后的人生路顺畅许多。

第三，深入了解自己，要控制自己的情感情绪。生活了几十年的我们可能已经将自己拘囿在心牢里而不自知。在受到外界刺激时，人很容易情绪失控，迷失自我。要想让心灵更加澄澈，就要拨开情绪的迷雾，让真实的自己洗尽铅华，焕然一新。

没有谁比自己更了解自己，然而大多数人对这样一份"财富"却视而不见，从而影响了前进的脚步。

※**心领导力法则**※

当人生路上遇到难以突破的瓶颈时，首先要向内心寻求解决方法，自己的内心，有无尽的宝藏。了解自己，才懂得他人，才通晓事物发展的规律。

谁都经不起哈哈镜的扭曲

一个内心不够强大的人很难准确定格自己的真实形象，看自己总像是在照哈哈镜，扭曲了自我形象，也就扭曲了人生。

一片菜园里种着许多多汁又可口的卷心菜。一天清晨，一只山羊站在菜地外的栅栏处，双目圆睁，徘徊良久，想吃卷心菜，无奈栅栏让它无法如愿。

山羊来回踱步时，无意间低头看到了地面上自己的影子。影子很大很长。"原来我是这样一个庞然大物！这样的话，远处树上的果子对我而言都不在话下了，我何必为这不起眼的卷心菜劳心伤神呢！"山羊心想。

满怀激动的心情，山羊向远处的一个果园奔去。然而，还没等它到达果园，已是日上三竿，阳光直直地顺着羊角投射下来。山羊的影子一下子成了一只落在地上的"毛球"。

"啊，原来我这么矮小，居然还妄想吃树上的果子。"山羊像一只泄了气的皮球，灰心丧气地想。随后，它脑筋一转，心想："凭我这么小巧，一定可以钻进菜园的栅栏！"于是，山羊又朝着菜园奔去。它重新返回到菜地的栅栏边，太阳已经向西偏了许多，山羊"高大"的身影又重新回来了。

"我怎么做这种蠢事？"山羊懊悔不迭，"凭我这般堪比长颈鹿的身形，吃多少树上的果子都没问题！"于是，山羊又向山上的果园奔去。如此反复了几次，直到深夜，这只可怜的山羊也没吃到任何食物。

阳光给山羊的投影就像是一面哈哈镜，使山羊患得患失地误判了自己。同样的，人生也经不起哈哈镜的扭曲，对自己过高或过低的评估都容易使自己误入歧途。心领导力强的人不会被哈哈镜所困扰。在心领导力的作用下，人生如同照一块平面镜，能真实地反映我们身上的每一处优缺点，帮我们扬长避短。

现实生活中，有勇气照"平面镜"的人不多，更多的人不仅无从躲避"哈哈镜"的"扭曲"，还主动去照"哈哈镜"。譬如不少人深陷攀比的圈圈，妒人有，笑人无，在形形色色的"哈哈镜"面前弄丢了真实的自己。还有的人忙于讨好"哈哈镜"，为了让镜中的自己看起来合宜得体，不断改变自己本来的样子，直到将自己扭曲得面目全非。这些人不知道自己需要什么，仅仅是在追随社会、家庭、同伴们的需求。久而久之，他们的生活不可避免地注入了别人的基调，即使成了"哈哈镜"中的一个成功的演员，也早已不知快乐为何物了。

以色列少年泰勒·本·沙哈尔，十六岁时便已经家喻户晓。他是全国壁球赛冠军，五年前他初次接触壁球，之后就没日没夜地训练，常人无法想象他经历了什么。付出终于获得了回报，他将自己的名字写进了历史。

夺冠之后的泰勒喜极而泣，免不了和家人朋友庆贺一番。成功给他带来的巨大快乐让他将过去的痛苦抛诸脑后，他愈发相信自己是拥护者心目中了不起的沙哈尔。

然而，就在狂喜之后的当天夜里，沙哈尔独自坐在床上，试图再咀嚼一番胜利的喜悦。突然间，获胜时酣畅淋漓、目空一切、唯我独尊的感觉消失得无影无踪，他的内心陷入了前所未有的空虚和孤独。胜利带给他的不是"一日看尽长安花"的飒爽，而是隐隐的恐惧感。他发觉，别人眼中的艳羡并不能充实内心，他自己反而无所适从起来。

　　沙哈尔后来成为哈佛大学心理学教授，他经常用亲身经历告诉学生，当一个人失去自我时，他的人生路会变得非常寂寞和凄凉。

　　我们都应当学会用"平面镜"照自己。无需骄傲，也没有必要自贬，只以平和的心态面对"平面镜"，这不只是拥有良好心领导力的表现，更是获得人生幸福的前提。

※**心领导力法则**※

　　谁都经不起哈哈镜的扭曲，脚踏实地走好每一步才是硬道理。无论自负还是自卑都是回避现实的表现，有志之士一定有勇气面对真实的自己。世界上从来没有救世主，前途靠自己做主，请拿起平面镜，拒绝哈哈镜！

他人是认识自己的一面镜子

　　"不识庐山真面目，只缘身在此山中。"对这句诗的解读，历朝历代的文人墨客见仁见智。这句诗从心领导力的角度解构，讲的是自我认识的局限性问题。

　　当你遇见未知的自己时，总会有一些忐忑和期待。而在认识自我的过程中，有些人觉得自己的能力不及自己的期望，于是便产生低落失望的情绪，连自己的其他能力也一并低估；有些人觉得自己的能力超越了期望，自然非常惊喜，以至于常常高估自己的其他才能。正所谓当局者迷，每个人对自己或多或少都会有些错误的认识，正如那句名言："最大的敌人是自己"。

　　不了解自己，便会带着"有色眼镜"评价他人。事实上，我们无法接受他人的那部分，自己身上也真实地存在着。譬如，一个道德水准不高的人往往会怀疑他人的德行；一个对他人不忠诚的人往往会疑心别人的忠诚；一个有不可告人的私心的人往往会把别人的言行往歪处想。因此，那些总是对他人说三道四、抱怨不止的人很难在身边聚集朋友，别人对他们避之唯恐不及，而他们却浑然不知。

格莱特是一个经销商，办事雷厉风行，确实具备一定的能力。然而，他一向自视甚高，从进入公司开始就没有停止过抱怨，总说自己是大材小用，感慨自己怀才不遇，每次提早完成工作任务就到处吹嘘。

格莱特的领导对这位下属颇为无奈。领导知道格莱特对自己的岗位十分不满，出于惜才之心，便把格莱特调到了别的岗位。可是时间不长，格莱特发现自己并不适合这个岗位，公司中的其他同事也对他颇有微词，认为他缺少自知之明，难以相处。最终，格莱特只能沮丧地离开公司。

"以铜为镜，可以正衣冠；以人为镜，可以明得失；以史为镜，可以知兴替。"李世民以魏征为镜来检视自己，而贞观之治则彰显了他"以人为镜"的明智。魏征的谏言难免引起李世民的反感，然而也正是这些惹人厌的话让李世民看到了自己未曾发觉的问题。故而，当魏征离世的消息传来时，这位大唐皇帝痛哭流涕地说："朕失去了一面镜子。"

即使如孔子这般博古通今、洞察人性的思想家也有错评误判的时候。

孔子一生数次周游列国，足迹遍布名山大川。有一次他和弟子颜回不幸遭遇战乱，两人逃至人烟稀少的荒野。一路颠簸，师徒二人三日未进米水，这对年事已高的孔子来说更加煎熬。幸好颜回从一位山民处讨得一些米来。孔子打坐，颜回煮饭。当孔子闻到饭香睁开眼的时候，看到颜回正抓起一些米饭放入口中。

孔子装作没有看见，吃饭之前故意说："刚才我梦到亡父，想用这饭祭奠一下老人家，不知道是否可以？"颜回答道："这饭不干净，刚才有烟灰落入饭中，我觉得丢掉可惜，就舀起来吃了。"孔子恍然大悟，意识到自己误会了弟子，连连感慨："吾不知人矣。"

在这件事中，颜回成了孔子认识自身思想局限性的一面镜子。他人就是认识自我的一面镜子，能清楚地照见自身的优缺点。鲁迅先生在《一件小事》中描写了一位人力车夫在被人讹诈的情况下还去帮助老人的故事。在人力车夫高尚品德的衬托下，鲁迅看到了作为知识分子的"我"的渺小："我这时突然有一种异样的感觉，觉得他满身灰尘的背影霎时高大了，而且愈走愈大，须仰视才见。而且他对于我，渐渐地又几乎变成一种威压，甚而至于要榨出皮袍下面藏着的'小'来。"鲁迅用人力车夫来作自己的镜子，照出自己灵魂深处那些不光彩的东西。对敏锐如鲁迅这样的人来说，尚有这样的暗角，作为普通人的我们就更需要周围的人来映照自身的不足了。

由于思维方式、情感倾向、生活习惯等方面的偏颇，我们总有一些自己不能觉察的缺点，而他人却可以以迥异的视角发现我们的不足。因此，我们想要全面、准确地了解自己，就应当广泛询问周围的人对我们的评价，结合自我认识，去比较和分析。不妨邀请父母、朋友或同事对你进行评价，或者关注一下他们私下里是如何评价你的。

身边的"镜子"对我们言行的看法，一定要重视。观察自己的哪些言行能够引得他们的微笑和赞许，又有哪些话语让他们大皱眉头。注意他们的哪些言行在我们的接受范围之外。然后，我们要思考这些东西和自己有什么关系。要知道，我们反感别人的地方，可能正是我们身上难以被察觉的缺点，而我们的潜意识会把这种对自己的愤怒加诸在别人身上。

有了"他人"这面镜子，我们就有机会从不同的视角来审视自己。一个对周遭的人、事、物控制欲很强的人，除非内心变得强大起来，否则不可能摆脱企图控制他人的想法。一个内心怀揣对他人不满的人，除非愤懑的情绪得到疏解，否则对世界永远充满怨怼。一个喜欢嫉妒他人的人，除非能从内心深处摆脱和人比较的想法，否则很难摆脱攀比的魔咒。

不管是上司、同事、朋友，还是父母、子女、爱人，他们身上我们所不喜欢的观念和行为，往往是值得我们学习的。当然，别人的看法和评价对我们来说只是参考，我们自己才是舵手。或许，我们会遇上他人有心的恶意评价，这时不要妄下定论，更不要全盘接纳，而是要经过认真比较分析后，再来谈对错，定是非。

※心领导力法则※

他人，是认知自己的一面镜子。从他人身上，我们能够看到平时不曾觉察的自己。把别人当作前行路上的镜子并非易事，在听到诤友直言时，能做到心静如水才可能成为人生的大赢家。

不要因自卑而低估自己

自卑是深藏于每个人心中的沉重枷锁，它可以束缚住任何有能力、有机会成功的人。在人际交往中，自卑的人总显得离群索居、郁郁寡欢，特别是当他人发出不那么友好的信号时，如轻视、嘲讽等，自卑者的阴暗心理会加重，甚至会刻意收敛上进心。自卑是一种消极的心理状态，过不去自卑这道坎儿，就很难成功。因此，我们一定不能被自卑困住，不然毁掉的不仅是现在的你，还有将来的你。

自卑的人常常低估自己，在做任何事情之前总是想得很复杂，常常错过许多绝佳机会。如果能鼓起勇气尝试一次，成功后或许能增加信心，但倘若失败，对自卑者更是雪上加霜，他们也许永远也不愿尝试了。其实，自卑情绪普遍存在于每个人的内心中，无论这个人多么优秀，即便是成功人士，他们的自信心也并非是与生俱来的。

央视著名主持人白岩松曾在中国传媒大学就读，他来自边远地区的小镇，在繁华的城市中深切感受到了自己的渺小和卑怯。他羞于跟同学提起家乡，不愿用带着家乡味的口音和同学们交流，甚至一个学期都不敢跟女生说话。每到集体合照的时候，他都要戴上大墨镜，酷酷的外表下是他深深的自卑。另一名央视主持人张越同样曾受到自卑的困扰。大学四年，她都在"肥胖"的心理阴影下生活，因担心听到同学们对她身材的嘲笑，刻意和同学们保持距离。她大学四年，没有穿过一次裙子，也不敢跟男同学接触。在即将大学毕业时，她因为不敢参加长跑测试差点领不到毕业证。她害怕的不是自己跑起来有多慢，而是自己肉乎乎的样子会招来别人的嘲笑。

自卑消磨人的心智，固然让人感到痛苦，但是有时自卑也可以激励人心。也就是说，自卑是可以转化成正能量的。适度的自卑可以让人清醒地意识到自己的不足，从而奋起直追。

一些人才华出众，却深深陷入自卑之中。创设诺贝尔奖的诺贝尔先生多才多艺，又具备商业头脑。谁能想到，诺贝尔先生有生之年都是在自卑和叹息中度过的，他的妄自菲薄让人难以理解。大诗人李白多次在诗作中提及谢灵运，认为自己的诗作只能仰望他，然而，如今谁都知道李白之盛名，却鲜少有人推崇谢灵运。

　　法国浪漫主义作家大仲马年轻时穷困潦倒，只能求助父亲的朋友给他找份工作。大仲马认为自己的知识储备量一般，又没有一技之长，因此羞惭得满面通红，支支吾吾地说不出自己擅长什么工作。父亲的朋友让他拿笔留下地址，并说："你其实还是有一样长处的，你的字写得很好。"

　　如果我们从心里就不打算成功，成功必然会离我们而去。自卑的人很难充满信心去奋斗，而且容易产生嫉妒心理。自卑者看到别人取得成绩，总是悲观地觉得这人不是运气好，就是有天赋。他们往往会找借口，用对成功的淡漠态度压抑内心的恐慌。

　　如果你是虽然有些自卑但愿意为了缩小和别人的差距而拼命奋斗的人，就不要理会他人的挖苦和嘲讽，依照自己的节奏勇敢向前。挖苦你的人其实无法战胜内心的胆怯，他们对你的羡慕和嫉妒，其实都是对你进步的肯定，你没有必要为了迎合这些人放弃努力。

半杯水		乐观的人： 还剩下半杯水！
悲观的人： 只剩下半杯水了！		极度乐观的人： 有水喝，还有个杯子！

　　如果你身陷自卑无法前进，不妨从现在起去拼搏一把，把遥望别人的时间用来架设成功的桥梁。也许在你奋斗的过程中，已经实现了凤凰涅槃。

　　※心领导力法则※

　　不要因为自卑而低估自己的价值。每个人都有无可取代的价值，不要让自卑使你这颗"明珠"蒙尘。改变自己才能获得新生，容光焕发才能心想事成，走到阳光下，你会发现世界因此而不同。

50

给自己一点反省的时间

楚庄王刚刚即位的时候整日不理政事，经常带着大臣们打猎游玩，或跟后宫中的宠妃们宴饮取乐，还下令不允许任何人劝谏，否则以死罪论处。大臣们深深为楚国的未来担忧，却又碍于禁令，不敢劝谏。

上朝时，右司马问了庄王这样一个问题："我在南方见到一种鸟，它落在土岗上，三年都不展翅飞翔，也不鸣叫，请问大王，这是怎样的一种鸟？"

楚庄王心如明镜，知道右司马是在劝谏自己，就说："鸟不展翅是在生长羽翼，不飞翔、不鸣叫是在观察民众的态度。这只鸟如果飞一定会一飞冲天，如果叫一定会一鸣惊人。"楚庄王觉得时机已经到了，于是开始认真治理国家，废除了许多不合理的法律，诛杀了五个贪赃枉法的大臣，启用了六个有才能的人，楚国渐渐强大起来。

对我们来说，将来要成为什么样的人，周围的环境、机遇等固然重要，然而更重要的是个人的能力、品德、修养等的提高。我们是否曾反省过，和一周前、一个月前、一年前相比，自己有什么变化？是更好了还是退步了？"苟日新，日日新，又日新"，我们可能在日复一日的变化中逐渐从优秀到卓越，也可能在日日倒退，这取决于我们是否通过内省而不断进步。

我们必须用一颗坚强的心勇敢超越自己，用"不破不立"的思想去完成由内而外的蜕变。也正是如此，全面深刻地自我反省才能够激发自己洗心革面的决心，从而让自己进步得更彻底更迅速。

美国第 16 任总统林肯就非常懂得自省。南北战争时，他错误判断了格兰特将军的挺进方向，之后马上写信致歉："我现在想私下向你承认，我错了，你对了。"这样的自省精神赢得了下属的信赖和尊敬。

美国著名商业偶像艾柯卡在 1980 年前后帮助克莱斯勒公司摆脱颓势，挽救了整个企业，正是因为他把自省精神运用到了企业文化当中。

艾柯卡走马上任后，要求部下与他一起反思。有趣的事情发生了，一群公司高管在一个小小的疗养所里围坐在一起，像小学生一样低垂着脑袋，共同思索着造成企业效益不佳的原因。疗养所环境清幽，每个人都平静下来。大家沉默着扪心自问，此前的思想和言行在他们脑海中像过电影一样闪现。思考过后，大家纷纷"交代"自己的失误，并表示今后一定改正，其中一位管理人员后来回忆说："每个人都感到不安，我们把公司看得很重，希望能为它的振兴效力。"

从疗养所归来后，艾柯卡开始了大刀阔斧的改革。他辞退了一些不称职的管理人员，精简了机构，提高了办事效率。之后，他又派 20 位高管外出学习，回来后立刻推行学到的优秀管理方法，公司效益逐渐"回暖"。艾柯卡继续自省，他发现过度集中的管理不利于员工发挥能力，因此下放管理权。克莱斯勒公司就这样在每天的自我反省下，重新活了过来。

人非圣贤，孰能无过，只是有些人在错误面前一味逃避；有些人并不拿错误当一回事，结果在同一个坑里跌了两次；而有些人则把错误当成了自己"更上一层楼"的机会，通过改正错误提升自己。

曾国藩终其一生都保持着写"自省日记"的习惯，每天就寝前记下自己所做的大小事，并评价得失。他用写日记的方式不断完善自己的性格。

富兰克林为了提高意志力，提升德行操守，为自己制定了十三条"美德规范"，并严格遵照执行。他特意为自己准备了一个记录本，监督自己的完成情况，每天晚上，他都要进行一番自省自察。白天里哪些言行违反了"美德规范"，他就在"美德规范表"上记录一个黑点。一个本子画满了，就再换另一个。也正是由于富兰克林积极的自我反省，最终成为了品德高尚的人。

今天的生活节奏比以往任何一个时代都要快，大家承受着祖辈父辈难以想象的生存压力。忙碌的人们很少有时间反省自己的所作所为，错失了让自己变得更完美的契机。我们应该积极主动地改变单纯重复的生活，经常自省。

在自省时，我们不妨采用"WHWW"模式。"WHWW"是四个英文单词的首字母组合，指"Why"（为什么）、"How"（如何）、"What"（是什么）、"Where"（在哪里）。从这四个维度，充分、立体地反省自己的言行，对所做事情的思考就会更加清晰明了。

自省是提高个人综合能力的最佳途径，一个人如果不经常反省自身，就难以改正缺点和过失。

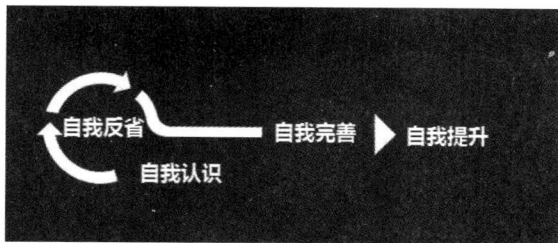

自我提升的过程

每晚抽出一点儿时间和自己进行一番对话吧！给自己一点儿反省的时间，就会离成功近一点儿。

心领导力
思维、创新和自我管理准则

※**心领导力法则**※

反省自己是对心灵之镜的擦洗，是对自己所思所为的重新检视。在反省中，我们会变得更加明智与强大，把自己曾经走过的路看得更清晰，这样将来的路才会走得更加稳健。

第四章

勇敢做自己的主人

　　不能掌控自己情绪的人很容易陷入情感的波动中，在冲动之下做出令自己后悔莫及的事情。心领导力便是将你的"自主权"从情绪的手中夺回来，让你重新成为自己的主人。

与其跪着乞求怜悯，不如自己强大起来

生活中，谁都有可能遭遇暂时的失败和重创。在这样的时刻，希望他人伸出援助之手是人之常情，然而没有人可以帮我们一世，我们必须依靠自己站起来。

人生很难逃脱暴风雨的侵袭，必须让自己强大起来，才能不被生活压弯腰。对每个人来说，最为丰富的资源恰恰是自己，自己就是自己的英雄。即使是卑微的生命，只要能把不屈的精神发挥出来，依然是最有力量的存在。

爱因斯坦曾说："有百折不挠的信念支持的人的意志，比那些似乎是无敌的物质力量有更强大的威力。"很多人对强大敬仰不已，并误以为强大是要靠外界赐予或帮助的。殊不知，最强大的力量就在我们自己身上。

风可以刮起一张白纸，却不能吹起一只小小的蝴蝶。生命的力量在于不顺从，强大并不是什么神力，可悲的是，很多人感觉不到自己的强大。我们穷其一生追求的东西，其实就在自己身上。

而我们只需将原本就有的强大发挥出来，拂去尘埃，使其闪闪发光，铮铮作响。每个人都不是完美的，只要我们内心够坚定。

以一颗宽容的心待人待己，依然可以成为强大的人。尽善尽美当然是我们不懈追求的目标，但不必因此而沮丧伤感。人生就像是一幅国画，适当留白才是最美的。

在社会上拼搏，当然免不了受伤。豢养的牛羊无忧无虑，却只有等待宰杀，皮毛被制成衣裳的命运。拼搏时留下的种种伤痕不是羞辱，而是勋章。再强大的人也有受伤的时候，只不过他们自我修复的能力比较强，能够在更短的时间内重上战场。

让自己强大起来是一种习惯，需要慢慢培养。要想成为强大的人，首先要照顾好自己。如果连自己都照顾不好，自然也没有照顾好别人的能力。

别害怕孤身上路，为了自己，尽力去做好一件自认为正确的事情吧。喜欢独自行走，就不要害怕卓尔不群。别被旁人的无知愚昧、大惊小怪或者消极颓废阻挡了前进的脚步。内心认定正确的事情，就坚持去做，因为只有自己最了解自己。当你在这样的独立自主中逐渐自信强大起来，就没人可以动摇你了。

生活不是简单机械地重复，每天都有改变命运的新契机；每天都值得去努力经营，向渴望的生活前进。强大就是把美好的梦想付诸行动，艰苦奋斗，心怀远方，藐视所有悲观和忧虑；强大就是有一颗笃定的心，量力而行，不攀比，只求每天有进步；强大的人自己决定取舍，而不是找借口或者拖延；强大的人从不会停止学习新知识，他们深知自己正在越来越接近目标。

强大的人懂得在适当的时候远离喧嚣，忍受暂时的孤独，努力向着目标前进。梦想尽可以远大而精彩，但强大的人是务实的，他们知道短期的、可行的目标才是成功的关键。

强大的人在日常点点滴滴的积累中，逐渐向梦想靠近。一路上，他们同样会跌倒，但从不泯灭希望。

强大的人懂得审时度势，及时调整目标和梦想。当人们完不成既定目标时，往往会变得意志消沉，这个时候，强大的人会设法寻找另外一条路。而不是执迷于眼前的失败。

当别人没有照你的期望去做事时，请原谅他们吧，事实上，只有内心强大的人才有足够的胸怀去原谅。原谅意味着放下心中的包袱，把注意力集中到未来，而不是与往事纠缠。如果世界上没有原谅，我们所受的创伤将永远无法愈合，自然也无法变得强大。无论过去发生过什么，翻过那一页吧，因为精彩在后面。

强大的人也会有走下坡路的时候，但他们不会在意他人的目光，不会为了别人的评价而感到羞愧。

处在艰难时期还能继续前行的人是无比强大的，在事业的颓势中力挽狂澜，是值得骄傲的。

今天的你比昨天的你更加强大，而未来的你又强过今天的你。

※心领导力法则※

面对人生的诸多挑战，抬起头来吧，带着自信的微笑去面对。不要沉溺在过去的悲悲切切中，让过去的伤痛就此翻篇。不要让过去的不幸重复伤害自己，要依靠自身的力量治愈伤口。请记住，与其跪着祈求怜悯，不如自己强大起来！

别拿出身当借口

伊朗德黑兰东南部的一个村子里住着一位贫穷的铁匠，他共有七个子女。为了一家人的生计，铁匠起早贪黑，一刻不停地打铁。在这 7 个孩子中，有一个男孩特别体谅父亲的辛苦。刚满 7 岁，他就成了父亲的小帮手。每天清晨，当同龄的孩子还在做着关于糖果的美梦时，他已经站在火红的铁炉前给父亲当助手了。可以说，他的整个童年都是在敲铁的叮叮当当声中度过的。这段特殊的童年经历铸就了他坚强的性格。

为了方便孩子们读书，铁匠把家从乡下搬到了城市的贫民窟。尽管家境贫寒，但铁匠坚持把这个男孩送到学校读书，不让他再继续打铁。虽然和同学们相比，小男孩吃不饱，穿不暖，但一想到辛苦的父亲，他就充满了学习的热情。从小学到高中，他的学习成绩一路领先。老师和同学们并没有因贫穷而看不起他，反而夸他是"坚强的铁匠儿子"。

时光飞逝，转眼间这个男孩已经19岁了，他以优异的成绩考入伊朗科技大学，攻读土木工程专业。他是这所学校里最贫穷的大学生，也是最为勤奋刻苦的学生。天道酬勤，1997年，他获得交通运输工程博士学位。

从小的穷苦让他深知平民的疾苦。他的生活并不宽裕，却偷偷塞钱给肉铺老板，要他把肉便宜卖给其他穷人。

冥冥之中自有安排，2003年4月，早已长大的男孩当选为德黑兰市市长。两年后，他又以高票当选伊朗总统，他就是艾哈迈迪·内贾德。这位新晋总统的财产清单让全世界深深敬佩与折服：一套装修简陋的四十年房龄的老房子，一辆很旧的开了30年的老爷车，两张活期存折里，余额竟然都是零！

谁都无法决定自己的出身，我们的出身在还是细胞时就已经注定。然而对于成年之后的我们，出身不应该是自怨自艾的借口，我们虽然无法改变出身，但却可以改变今后的命运。

众所周知，张溥是明朝晚期著名文学家，他精通诗词、散文、时论，在文史领域有很深的造诣。万历三十年，张溥出生在江苏一家书香门第。由于张溥的母亲是婢女，母子二人可谓受尽了冷眼。张溥年幼时饱受族人的鄙夷和讥讽，兄弟姐妹常常欺负他，就连家中的奴仆也不尊重他。张溥尚未成年，父亲就因病离世了，这让张溥的每一步都走得如履薄冰。

七岁的时候，他被送去私塾就读。因为自小缺少关爱而且寡言少语，张溥平日里显得呆呆笨笨，记忆力也比别的孩子差。四书五经是私塾里的童生必修的功课，别的孩子温习几天便能熟读成诵，而张溥却怎么也记不住。于是，罚站和手板成了他的家常便饭。

两手总是红肿的张溥，开始思考怎样才能背好书。一天，他在书里看到一句"读书百遍，其义自见"，于是下决心要读好书，就算自己再笨，读上百遍总可以背流利了。

张溥读书读到嗓子沙哑，喝口水接着读，经常读到喉咙红肿也不休息。

终于，张溥能背下来四书五经了。然而不知为什么，原本背得流利又顺口的句子到了先生面前就磕磕巴巴。先生很生气，不仅打了他一顿手板，还罚他把文章抄写十遍。

张溥垂头丧气地回到家中，抄书至深夜，总算抄完了十遍。到了第二天，先生照例要求张溥背文章，倒也奇怪，张溥背完上句，下句就自然出现在嘴边。很快，张溥便顺利背完了整篇文章。先生露出了难得的笑容，夸赞张溥是"神童"。

张溥恍然大悟，原来抄写对记忆有帮助。于是，张溥改背书为抄书，在抄写的同时大声朗读，不但记得快而且印象深刻。

长大后的张溥清楚出身卑微影响着自己的前途。但是，既然出身不是自己能选择的，那就把今后的人生握在自己手中。此后，张溥更加勤奋刻苦，每次读诵新的篇目必亲手抄写，整本书读完后再将手抄本焚去，接着再抄，再焚，反复七次，张溥把这种背书法命名为"七录"。

"十年著作千秋秘，一代文章百世师。"曾经由于天资较差、出身卑微而饱受嘲讽的张溥，最终成为明朝晚期著名的文学家。

※心领导力法则※

出身无法改变，人生可以逆袭。我们要学会接受无法改变的事实，积极争取那些可以变好的事物。出身不是自甘堕落的借口，只要努力拼搏，敢于进取，任何困境都能逆转。

欣然接受不公待遇

在漫长的人生路上，我们总会遇到一些内心无法接受却又不得不面对的事情。上帝并不总是公平对待每一个人，因此在遭遇不公的时候，态度就显得尤为重要。年少时，执着于所谓的公平；成年后，逐渐明白，这个世界本就是不公平的。

面对这样的现实，你作何感想？是自怨自艾还是暴跳如雷？历数世道加在自己身上的不公，还是终于能够长长地舒一口气，把自己目前的不佳境况归因于世界？

虽然这个世界存在着不公，但我们却可以保持内心的公正，在快乐中度过人生。

有个人在一次意外中不幸失去了左手。有好事者问："你少了只手，会不会很难过？"此人的回答出人意料："哦，不会，我根本就不会想到它。"既然不幸已经降临，快乐是一天，难过也是一天，为什么不让自己快乐起来呢？

有人可能会质疑：欣然接受遭遇的不公，是否是对命运的一种消极妥协？这里的"欣然接受"，是面对苦难的傲娇心态，是内心强大的表现，不是垂头丧气地用弱者心态被动臣服于命运。

法国的莎拉·伯恩哈特是19世纪和20世纪初最著名的女演员之一。她在古稀之年，不幸患上了严重的静脉炎，医生的诊断结果是把腿锯掉。这样的噩耗恐怕任谁都难以接受，何况莎拉的私人医生知道她的脾气一向很坏。然而这一次，当医生犹犹豫豫地把病情告诉莎拉时，莎拉的反应简直让医生不敢相信。她先是愣愣地看了医生一会儿，但很快就回过神来，平静地说："如果非这样不可的话，那只好这样了，这就是命运。"

莎拉做手术的那天，她的儿子忍不住哭起来，不想让护士推母亲进手术室。莎拉表情轻松地朝儿子挥了挥手，带着多年来在舞台上的那种神采飞扬的表情说："不要走开，我马上就回来。"

伤病带走了莎拉的双腿，但并没能阻挡她游遍世界。莎拉依然继续着她的环游世界之旅，这也让她的粉丝们继续为她着迷。

当你不再为无法改变的事实而纠结时，就会把更多的精力投给明天。往者不可谏，来者犹可追。如果你是一名学生，过去的基础打得好坏已经无法改变，你也许没能在心仪的学校就读，但是将来的成绩其实取决于自今日起每一天的努力。如果你是一名上班族，也无需懊悔曾经的碌碌无为，更没有必要这山望着那山高，想要有所不同，就要打破惯常的生活模式，做以前没做过的事。

静心细想，所谓的不公待遇真的伤害到你了吗？还是那时候的心理感受给你的伤害更重呢？其实，没有人能伤害到我们，除了我们自己。换个角度想，若是没有那些不公正的待遇，我们也不会真正强大起来。面对不公正的待遇给我们的心灵造成的伤害，要学会及时止损。与其在心里一遍一遍地反刍那些伤心的瞬间，不如一笑而过，重新开始。

当不公正的遭遇出现在我们身上时，一蹶不振又有什么用处呢？除了坦然地接受和面对外，还有什么更好的办法呢？只要我们一直在为生活积极努力，做到了"尽人事"，那些不可能改变的事情就听天由命吧！在一次次坦然面对中，内心会逐渐强大起来。终有一天，当我们回望那些曾经的磨难时，会发现原来这些只是我们成功路上的垫脚石。

※心领导力法则※

欣然接受不公待遇，并不意味着要屈从于命运。面对生活的打击，你要奋勇向前，尽最大的努力去改变。当你确实已经付出了最大努力，结果还是不尽如人意的时候，就要学会用积极乐观的态度去坦然面对与接受。

迷恋上相信自己的感觉

漫漫人生路，我们会遇到无数问题和困难，而当我们需要援助时，并不是每次都能得到帮助。因此，在这个世界上，最值得信任的只有自己。

人要迷恋上相信自己的感觉，要时常在心中为自己竖起大拇指。相信自己的人有着独特的魅力，能让别人对他们产生信赖。

艰难和挫折并不可怕，可怕的是一个人在经历打击之后，丧失对自己的信任。很多时候，束缚一个人脚步的不是周围环境的残酷打击，也不是别人有意无意的伤害，而是自己对自己失去了信心。

一个不自信的人会为鸡毛蒜皮的小事心生埋怨，会为眼前的得失斤斤计较，会在这个不断变化的世界面前迷失自我。自信和不自信只在一念间，结果却大相径庭。

苏珊刚从音乐学院毕业，马上要登台演出，这是她人生中第一次正式登台亮相。想到自己要站在聚光灯下迎接上千名观众的目光，她就忍不住脸颊绯红，心跳加速："马上就轮到我上场了！万一紧张起来，忘掉歌词怎么办？"越是这样想，苏珊越紧张，甚至身体都开始微微发抖了。

一位前辈看出来了，微笑着朝苏珊走来，悄悄把一张小纸条塞进苏珊手里，并迎着苏珊惊讶的目光轻声说道："我猜到你可能紧张得要忘词，我来之前把你要唱的歌词抄了下来。万一在舞台上忘词了，你可以偷偷看一眼。""太谢谢您了！"苏珊感激地拥抱了这位前辈，手心里紧紧攥着"救命稻草"，充满自信地登上舞台。

手握那张写着歌词的纸条，苏珊恢复了自信，浑身充满了力量。她的表演放松又精彩，收获了阵阵掌声。

演出结束后，苏姗走下舞台，兴奋地来到前辈面前，向她致谢。前辈的眼睛笑得像月牙一般，说道："功劳都是你的啊，你战胜了自己，找回了自信，把纸条打开看看吧！"苏珊疑惑地打开纸条，顿时呆住了——上面竟然一个字也没有！

很多时候，打倒我们的不是失败，而是我们心中的怯懦。人生不如意之事十之八九，具有心领导力的人不会因为一时的失败就磨灭了当初启程时的意志，失去了"自信"这一根基。

人生不会永远一帆风顺，生活的音乐总会奏响几个不那么和谐的音符。在生活这艘航船上，只有紧紧依靠"自信"这个舵手，才能穿过风浪勇敢驶向远方。

有人会在比较中陷入"水深火热"的心理状态："为什么别人那

么风光，而我的人生总是充满苦难？"网络上有句流行语："你为了生活起早贪黑，觉得自己很辛苦，却不知道别人一夜没睡；你艳羡别人的风光生活，却不知道他们背后不为人知的心酸和眼泪。"

无论何时，我们都要相信自己的奋斗可以创造美好的明天，即使曾经遭遇打击，自信也会让我们很快恢复勇气。只要认真努力，只要相信自己，那么未来将会充满无限可能。

你是独一无二的存在，要坚定相信自己的信念，坚持走自己的路。

人要迷恋上相信自己的感觉，因为这是胜利的感觉，是成功的感觉。

古希腊有位哲人说："你永远不知道哪一块石头丢进海里会引起大风浪。"既然活着，就要拼命向前奔跑，不要担心跌倒。目前，你可能顺风顺水，也可能正在经历暂时的失败，无论怎样都不能失去信心，要珍惜一切努力的机会。

知道想要什么，并全力为之奋斗，一时的成败不必记挂心头，人生终将没有遗憾。

※**心领导力法则**※

生活中，无论遇见怎样的风雨，相信自己，就会处处是晴天。所谓的困难只不过是纸老虎，只有不被它吓倒，就能够战胜它。只有相信自己的人，才有成功的希望。

勇敢面对逆境，做人生的主人

人生的旅程如同一次航行，在整个旅程中会遇到风风雨雨。有的人在经历过风雨之后变得更加坚强，更加成熟；有的人却在风雨之后迷失了方向。同样的逆境，不同的结果，只因每个人对待挫折的态度不同，我们要学会在逆境中求生存。

不少人遇到挫折时，习惯求助别人，依赖别人。其实只有你遭遇一次重创后，才会幡然醒悟，认识到自己的坚强和坚忍。所以，无论你正在遭遇什么磨难，都不要一味抱怨上苍不公，乃至从此一蹶不振。人生没有过不去的坎儿，车到山前必有路，船到桥头自然直。

如果一个人认为自己一生都不会陷入绝境，那只能说明他正走在通往绝境的路上。如果一个人已经陷入绝境，那说明他已经得到了上苍的垂爱，将获得一次改变命运的机会。如果你已经走出了绝境，回首往事的时候，将发现自己比想象的更加强大、聪明、有韧性。如果你已经成功了，需要由衷感谢的不是顺境，而是所谓的绝境。

巴尔扎克说："绝境，是天才的进身之阶，信徒的洗礼之水，能人的无价之宝，弱者的无底之渊。"

身陷逆境，诅咒抱怨是最没有意义的。上帝把困难交给我们，是为了让我们更加珍惜和理解幸福。一个平凡人要想成为一个领域的"英雄"，也需要经受挫折和磨难的洗礼。英雄在逆境中能抓住背后的机遇，在绝境中创造奇迹；而平庸之人在逆境中选择了随波逐流，选择了放弃。

所谓逆境，只不过是美好人生中的一个小小的"插曲"，同时也是一个让我们成长得更加强大的机遇。在身处逆境的时候，我们往往会爆发出让人难以想象的能量，无论智慧、勇气还是能力，都会得到很大提高。

顺境和逆境常常交替出现，要学会转逆境为顺境。那些最终克服逆境的人，无非是比别人多坚持了一些时间。感觉前路坎坷，可以做个深呼吸，让自己心平气和下来。勇敢面对逆境，在困难面前不低头，做自己人生的主人。

※心领导力法则※

唯有经过磨砺，才会在步步成长中坚强起来。只有历经风雨，才会真正理解生活的不易。勇敢面对逆境，做人生的主人，是具有心领导力的人的处世智慧。

第五章

人生需要来自于内在的鞭策

　　自信心是人性中的闪光点，它会引领你努力奋斗，步步向前。心领导力，就是让你能够永远处在光明中，给你希望，时刻鞭策自己，从而享受激情的多彩人生。

人生的皮格马利翁效应

在古希腊神话中，有一位擅长雕刻的塞浦路斯国王，名叫皮格马利翁。他倾尽心力，用材质很贵的象牙雕刻出一尊凝聚他对女性所有美好幻想的雕像。这尊雕像完工后，他饮食起居都和雕像在一起，日久天长便爱上了雕像。这位国王因为苦苦思恋不会说话的雕像，竟然相思成疾，将要不久于人世。当他躺在病榻上奄奄一息时，还不忘祈祷维纳斯女神恩赐雕像以生命。维纳斯看到了这一切，被他的执着所打动，就让雕像活了过来。国王看到日思夜想的雕像睁开了眼睛，病竟然一下子痊愈了。皮格马利翁国王终于和梦想中的女神走到了一起。

皮格马利翁对爱情的执着专一被传诵至今，影响深远。心理学上所说的"皮格马利翁效应"就是来源于这个故事，意即人们恒常而坚定的期待会促使行动符合期待的效应。其实，每个人都可以成为皮格马利翁，关键是看你内心的力量是否坚不可摧。

美国一位心理学家曾经做过这样一个实验：从一所小学的学生名单中随意挑出几名学生，然后偷偷告诉老师们，这几个学生的智力超过一般人，只是潜力有待发掘。一段时间后，心理学家再次来到这所小学，特意查看了期末考试的成绩，发现所选的几个学生的成绩比其他学生高很多。究其原因，是老师们受到了"皮格马利翁效应"的影响。老师听到心理学家的话后，不由自主地对这几个"天才"学生更加关注，学生受到老师的积极影响，增加了学习动力，成绩也有所提高。可见，积极的期望能够提升人的办事效率及成果。同理，消极的期望对人的影响也是不容小视的。

自我期待是一个人努力的动力源。有了美好的自我期待，就会不断激励自己奋发向上。缺少自我期待，就会缺少前进的动力。

众所周知，李四光先生是中国地质学界的代表人物。他幼时受过私塾教育，因为成绩优异获得了官派日本留学的资格，后又到英国读研究生。在英国伯明翰大学研究生毕业后，李四光不忘祖国，选择回国任教。

当时，世界地理学界普遍认可这样一种观点：中国地下没有石油。这样的说法并非空穴来风，20世纪初美国一家石油公司特地聘请大批学者到中国勘探，四下寻找石油，均以失败告终。于是，一批知名西方学者断言中国地下没有大油田。在以上"权威言论"的打压下，连中国的地质学界也开始相信中国地下没有石油。

然而，李四光先生偏偏要打破这个结论。他踌躇满志地说："我就不信，石油难道只生在西方的地下？我一定会为祖国找到石油的。"有了这一强烈的期待感和使命感，他独自踏上了寻找油田的道路。前后三十载，他陆续发现了大庆油田、大港油田、胜利油田、华北油田等著名的油田，还预言西北也有石油。如今发现的新疆大油田，也用事实在为这位伟大的地质学家致敬。

有志于做一番大事业的人应好好利用皮格马利翁效应。如果你期盼着光明的未来，如同李四光一样有着坚定不移的决心和毅力，那么别人的质疑声就无法动摇你，更无法使你放弃最初的梦想。真正的强者敢于在质疑声中坚持自己的信念，不断鼓励自己走向梦想。

成功并非一蹴而就，而是需要在前进的过程中让自己越来越优秀。比尔·盖茨没有想到自己某一天会成为世界首富，他只不过希望在自己喜欢的领域有所成就；莫言最初只有小学文化，当他拿起笔开始写作的时候，从来没有想过自己要站上文坛的巅峰，他每次的努力只是为了再发表一篇文章，然而正是脚踏实地的积累促使他成为了诺贝尔文学奖获得者。成大事者都是先有期待，然后务实地努力奋斗，这样梦想就不再只是个梦。

罗马纳是一位生活在美国的墨西哥后裔，她穷困潦倒，有两个孩子要扶养。为了自己和两个儿子能够过上更好的生活，她先后数次搬家，做过的工作不计其数，唯一的念头就是拼命攒钱。赚到第一笔钱之后，她与亲戚合开了一家玉米饼店。出乎她预料的是，她们的生意越来越好，越做越大，成了美国最大的墨西哥食品批发商，拥有三百多名员工。

当罗马纳和儿子们在经济上有了保障后，她意识到金钱尚不足以让墨西哥裔人民更有尊严，当务之急，是提高美籍墨西哥同胞的地位。于是，毫无经验的她决心组建银行。这在当时的社会环境下几乎是不可能实现的，很多所谓的专家都称美籍墨西哥人不能创办自己的银行，甚至认定她永远不可能成功，并等着看这个疯女人的笑话。

罗马纳平静地说："我行，而且一定要成功。"罗马纳和与她志同道合的伙伴们为了创办银行，四处奔波、售卖股票。然而社会上不少人都坚称"墨西哥人不是银行家"，罗马纳和伙伴们因此碰了不少壁。可是，这位坚强的母亲从未放弃自己的梦想。她与伙伴们最终创建了泛美国民银行，主要服务美籍墨西哥人。罗马纳和朋友们的努力被传为佳话，她也因此当选为美国第 34 任财政部长。

当初，那个穷困潦倒的母亲可曾想到自己最终能取得如此大的成就？这其实就是皮格马利翁效应。无论是以生活富足为目标，还是以有尊严的生活为目标，罗马纳都坚信自己可以成功，不断自我激励，最后自然得到了胜利女神的垂青。

潜能是无限的，但要把它充分挖掘出来则需要自我激励。善于利用皮格马利翁效应，就能从自我期待和激励中获得无限力量。

※心领导力法则※

卡耐基说："人身处逆境时，适应环境的能力实在惊人。人可以忍受不幸，也可以战胜不幸，因为人有着惊人的潜力，只要立志发挥它，就一定能渡过难关。"而潜能的发掘，取决于你是否把自己看作一块真金。

给自己一个"我能行"的暗示

现实中，成功者总是少数，很多人苦恼于自己的平凡与渺小，缺乏自信，甚至产生自暴自弃的想法。

一个人之所以强大，是因为他们有自信、有激情。如果你时常因为自卑而苦恼，不妨做自己的"粉丝"，时常赞美和肯定自己。

自我暗示的作用不可小觑，现实生活中十分常见。例如，每天早上起来，我们都要对着镜子穿搭衣服、梳理头发，如果此时在镜子里看到的是一脸困倦、眼睛水肿、面色蜡黄的自己，很容易产生不愉快的情绪，认为自己精神不佳、形象不好，如此消极的自我暗示可能会影响一整天的心情。再比如，许多运动员在竞技比赛中，时不时举起拳头用力挥一下，并同时呐喊一声，这其实也是在进行自我激励："我能行，能打败对手！"

北京大学心理学系教授毛利华曾接受新知社访谈，在谈及心理暗示的话题时说："心理暗示有很多种，包括他人暗示、自我暗示等。很多时候自我暗示会起作用，比如说你的手破了，很疼，如果你不停地告诉自己不疼，那么感觉到的疼痛就会减轻，也就是说痛觉在很大程度上是自己想象出来的。"

心理暗示的强大作用由此可见一斑。

自我暗示甚至可以创造出自己无法预料的奇迹。苏联有一位饱受赞誉的天才演员 N·H·毕甫佐夫，日常说话总被口吃所困扰，但每次登台演出时却能克服这个致命的弱点。毕甫佐夫所用的办法就是利用积极的自我暗示，他告诉自己舞台上活跃的那个人不是自己，而是剧中的角色，而这个角色是一个没有口吃困扰的人。

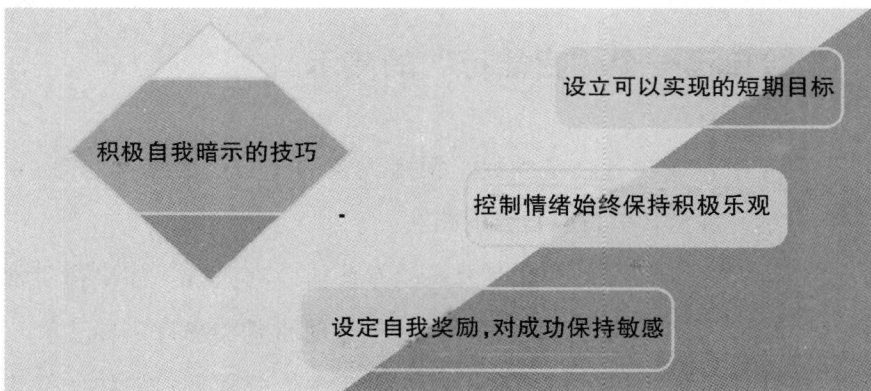

积极自我暗示的技巧	设立可以实现的短期目标
	控制情绪始终保持积极乐观
	设定自我奖励,对成功保持敏感

自我暗示既能成就一个人，也能毁掉一个人，关键看你如何利用。那么，该如何用自我暗示激发潜意识的力量，提高我们的自信呢？

首先，要善于利用积极的话语暗示自己。

语言具有直接的暗示作用，对身心的影响不容忽视。善于自我暗示的人几乎都采用过"跟自己对话"的暗示方法。多次重复暗示之后，人的心理和生理都会朝希望的方向发展。

我们的话语一定要积极向上，如"我长得漂亮而且青春洋溢"、"在我所从事的专业领域，我是出类拔萃的"、"我能够把工作保质保量地完成"、"答应别人的事情一定会做到"、"我能实现自己的美好愿望"等。

眼睛反映着内心的活动。看见的是喜悦的事，我们的内心就会促使行为朝着成功的方向努力。一般来说，一个在经常获得肯定的环境中成长起来的人会拥有更美好的未来。

其次，积极正面的暗示要坚定不移地相信。

自我暗示的方法有时会遭到质疑："我想成为百万富翁，自我暗示有没有可能帮助我啊？"事实上，只要我们足够相信自我暗示"我要赚钱，我一定能赚钱"，并持续努力，一两年后，我们的生活水平往往就会有所提高。

自我暗示之所以会在一些人身上效果不佳，是因为他们对自我激励将信将疑。有些人在自我激励的时候告诉自己："我一定能赚钱，一定会很富有"，同时心里又止不住地质疑："这是不可能的"。如此自相矛盾的心理暗示，是很难达到预期效果的。

既然采用自我激励的方法，对于自我暗示的内容就一定要相信，发自心底地认为好的事情一定会发生。这样，深藏在我们潜意识中的力量才能发挥出来。

第三，掌握"形象预演"的自我暗示方式。

所谓形象预演，是指先利用自己的想象力在脑海中勾勒出正在执行目标或者目标已经实现的画面。想象自己身处其中，享受执行计划的过程或者陶醉于大功告成的喜悦，还可以想象一些细节，使"画面"更加生动。保持脑海中的画面和惬意的心理体验，接着给予自己积极的肯定，例如"我是可以完成工作的"、"我一定能成功的"、"我一定会幸福"。把这些自我暗示深深刻在自己的脑海中，然后开始行动，直到成功。

第四，每隔一段时间，要检视自己的内心，看看自己或者别人是否对自己作出了消极、否定的暗示。比如，上级斥责你一事无成，父母妻子说你挣钱少等等。这些话有时并不是真实的，只是为了控制你或者改变你，抑或是一时的失言。别人的暗示之所以在你身上会产生毁灭性的力量，是因为你允许别人伤害自己。所以，你想成为什么样的人，取决于你如何暗示自己。

总之，若要实现梦想，达成目标，获得成功，就应该每天给自己积极的暗示。

※心领导力法则※

拿破仑·希尔说："所谓信仰就是自我暗示，在潜意识中被宣布或反复指点所产生的一种精神状态。"梁实秋先生则说："渺小并不可怕，可怕的是总是沉迷于渺小中无法自拔。这样的人，即使有强大的机会他也是不可能抓住的。"因此，给自己一个"我能行"的暗示吧，说你行，你就行！

为自己画片叶子，生命将永远是春天

欧·亨利有一则著名的短篇小说《最后一片叶子》。小说中提到一个身患重症的女画家琼西，从病房的窗口看到路边一棵树上的叶子在秋风中簌簌飘落。萧萧落叶让琼西内心更加抑郁，身体愈加衰弱。忧伤的琼西对朋友说："当窗外那棵树上的叶子全部掉光时，我就死了。"

在附近居住的一个贫穷老画家听说琼西的事后，便画了一片叶脉青翠的树叶，悄悄地挂在树上。秋风渐紧，越来越多的叶子从树上飘落，漫天飞舞，只有一片叶子始终独挂枝头。琼西受到那片顽强的"绿叶"的鼓舞，竟然奇迹般地活了下来。

是什么力量让琼西实现了生命的奇迹？

是希望！希望是点燃生命潜力的导火线，是激发奋斗热情的原动力。

我们无法掌控人生的起伏，却可以保持积极乐观的心态。我们不能控制事态的走向，却可以拼尽全力。我们预知不了将来，却可以充分利用现在的分分秒秒。只要活着，就要活出质感。

1925 年元旦，鲁迅先生创作了一篇散文《希望》，因为"惊异于青年之消沉，作《希望》"。当鲁迅先生回顾自己的过去，他发现希望耗尽了青春，但是所希冀的未来依然渺茫，周围仍是暗夜。他有些绝望，于是打算把希望寄托在下一代年轻人身上。他写道："只得由我来肉搏这空虚中的暗夜了，纵使寻不到身外的青春，也总得来一掷我身中的迟暮。"

鲁迅先生这份"化作春泥更护花"的哀愁，惆怅得义无反顾。先生写道："绝望之为虚妄，正与希望相同。"他认为，希望和绝望都不是真实存在的，与其将自己置于虚妄的绝望之地，不如大胆地拥抱希望。虽然有时候希望越大失望越大，但只要内心的希望之火不熄灭，一定会为我们带来光明的前途。

在看不清前路、周围都是死一般的暗夜的社会里，鲁迅先生这番绝望和希望论也是激励自我的写照。其实，鲁迅先生的作品虽然许多都是在揭露黑暗，但他的内心和青年人一样，也在展望黎明，寻求希望。

人的一生难免要失去许多东西，但不能丧失希望，尤其是身处逆境时。美国作家怀特说："生命中，失败、内疚和悲哀有时会把我们引向绝望，但不必退缩，我们可以爬起来，重新选择生活。"逆境中，希望就像暗夜里海面上远处灯塔的微光，给人以莫大的激励。身陷绝境时，怀揣希望才能激发求生本能。屈原被放逐，司马迁受刑，如果不是在绝望中心怀希望，千古绝唱《离骚》、千秋著作《史记》何以百世流芳？

自今日起，每天给自己一点希望、期盼和信心。这样，我们就不会把生命浪费在无聊的小事上，不会在危机来临时自暴自弃。生活中，缺少希望犹如植物见不着阳光。

为自己画一片绿叶吧，生命将总是春天。

※心领导力法则※

罗素说："希望是坚韧的拐杖，忍耐是旅行袋，携带它们，人可以登上永恒之旅。"在具有心领导力的人眼中，希望之光永远都有傲人的色彩。只要内心不丧失希望，无论遇到怎样的阴云雨雾，终将迎来风和日丽的一天。

好汉也应该提一提当年勇

人们常说，好汉不提当年勇，其实，这并非一条颠扑不破的真理。"好汉不提当年勇"是提醒人们戒骄戒躁、保持谦逊，不要躺在功劳簿上自视甚高，是让人们忘却先前的功与名，以一颗初心勇往直前。如果从自我鞭策的角度来看，一个人能够在适当的时候提一提"当年勇"，会让自己更加勇敢。

赵子龙长坂坡单骑救主，诸葛孔明鞠躬尽瘁六出祁山，若是当事人永远保持缄默，这些事又怎能穿越千年，直到今天依然被人们称颂呢？

若每一个时代的风云人物都不提他们的"当年勇"，任凭自己的辉煌事迹消逝在时光的隧道中，将会是多么遗憾又可悲的事情？

司马光在《报任安书》中对自己执笔《资治通鉴》辛劳历程的回忆可谓字字含泪，让后世的读者不禁心生敬佩。若是"好汉不提当年勇"，后人怎么能获得如此珍贵的史料，又怎么知道司马光为了写《资治通鉴》费了多大苦心？胡适先生一再主张，每个人都应写回忆录。按照胡适的说法，所谓功业大小、地位高低，那些都是在比较中产生的。每个人都是独一无二的，都有让自己引以为傲的事情，这些当年之勇根本不需要掩饰。"壮岁旌旗拥万夫，锦襜突骑渡江初"是辛弃疾的"当年勇"；"当年万里觅封侯，匹马戍梁州"是陆游的"当年勇"。

提当年勇的过程是重温过去的经历，激励自己朝着更高层次的目标出发。不够自信的人如果能提一提自己的"当年勇"，回首往事看看得失，这个过程不失为可贵的自省经历。

纪念红军长征胜利80周年大型展览，其实就是在提"当年勇"、忆"当年勇"、不忘"当年勇"。正因为有这个展览，我们从依然健在的老红军、老八路的"当年勇"中体会到了感动和鼓舞。过去的历史指导今天的方向，过去的精神激励现在的人们。

为了提升自己的信心，加深对世界的了解，适当提一提当年勇是很有必要的。提当年勇不仅是对过去的回忆，更是对现实的再思考。

好汉为何不应该提一提当年勇？谈谈当年的"光荣历史"，可以更好地提升自己。

※**心领导力法则**※

在对眼前的困境感到有心无力时，在面对困难缺乏勇气和信心时，你或许能够从过去的经历中找到一些鼓励。过去的荣耀对于具有心领导力的人来说是一笔难得的财富，是今时今日激励自己奋斗的动力。

不妨给自己画一张饼

每个人都离不开激励，然而并不是随时随地都有人激励自己。所幸，我们最忠实的粉丝是自己。有时候，需要给自己画一张饼，用美好的前景鼓励自己，从而使自己对未来燃起希望。

美好的前景是一个人自我鞭策的动力，如果我们心中没有梦想和幸福光明的前景，那就很难鼓舞自己前进。

了无生气的病房内，库博纳少校凝视着圣诞树发呆。本该是一年最快乐的节日，病床上的少校却伤感不已。7个月前在柬埔寨战场上，一块手榴弹弹片戳进了库博纳的左腿。一张截肢手术通知单摧毁了他最后的希望。

他再也不能在西点军校的棒球场上一展雄姿了。棒球赛还是每周如期举行，换上假肢的库博纳每次击球都得请别人替他跑垒。

这天，在等候击球轮次时，库博纳注意到一名队友滑进了第三垒。他不禁开始想："如果我也这么试试看，会是什么结果？"轮到库博纳击球了，他毫不犹豫地一棒把球击向了场中央。他挥手叫替他跑垒的队员让开一条道，迈开自己僵硬的腿，闭着眼拼命往前冲，一头滑进了第二垒。裁判喊道："安全上垒！"库博纳长舒了一口气。

几年后，库博纳准备率领一个中队进行战地训练，期间要穿过一段恶劣的地形。库博纳的上司怀疑一位截肢者能否胜任这项工作，不服输的库博纳立下了军令状，并漂亮地完成了任务。库博纳后来跟战友说："每当我的假肢陷入泥泞时，我就叮嘱自己——这便是你无腿可站时的情形。失去一条腿使我认识到，一个人的梦想取决于他对自己的态度。"

在实现理想的过程中谁都会遇到挫折，甚至遭受沉重的打击，但是心中的成功时的情景却有一种魔力，可以激发我们奋斗的热情。尤其是当我们身陷绝望的泥潭看不到希望时，美好的期待会激起我们的斗志。

理想源于我们对未来的美好幻想，那种愉悦畅快的感觉会触及心灵，激发斗志，从而把不可能变成可能。一般说来，心中对未来有美好构想的人不容易产生悲观厌世的心理，也不会浪费精力在无聊的事情上，他们会集中精力，尽最大努力去实现心中的理想。

这一天本该是菲律宾人约瑟夫最高兴的日子，他正在举行婚礼。突然，一群残暴的日本兵冲进来把约瑟夫抓进了集中营。约瑟夫被迫与新婚妻子分离，突如其来的打击让这位新郎的精神到了崩溃边缘。

同牢房的一位老人默默陪伴着一言不发的约瑟夫。一天，老人说："既然已经这样了，你要保重自己的身体，健康地活下去就是对妻子最好的想念。只有活着，你才有希望再和心上人见面。"

约瑟夫恍然大悟，在老人的提点下，逐渐燃起了希望。

三年后，菲律宾获得解放，约瑟夫和那位教导他的老人得以重新回归正常生活，他们两个是集中营所有犯人里最健康的人。约瑟夫回到家的第三天，他的妻子找到他，两人紧紧相拥，喜极而泣。原来，约瑟夫的妻子一直在痴痴地等着他归来。

我们可能都有过激励别人的经历，然而许多人却不懂得自我激励。其实自我激励和激励别人殊途同归。区别在于，自我激励者的动力来自自己的内心。只要充分挖掘内心深处最迫切的渴望，努力奋斗的热情就会被激发出来。

自我激励的方式主要有前景激励、成果激励、反思激励等。所谓前景激励，就是用理想目标完成后的美好场景来激发自己努力奋斗。举个例子，假设你为突击完成一项任务而连续加班三天，身体状况不佳，情绪低落，此时，你可以用前景激励来鼓励自己坚持下去。想一想这段时间熬过去之后就会有一个美好的周末，或者如果你出色地完成了这项任务会获得丰厚的奖金；做得足够优秀，你的职位也可能会有所提升。用这样的方法激励自己，你就有可能重新焕发饱满的工作热情。

当你正在完成一项任务，且已经进行了一部分，但距离彻底做完还有相当一段路要走时，缺乏动力怎么办？这时候不妨用一下成果激励。先总结一下已经完成的工作，对自己的付出予以肯定，然后告诉自己"都已经出色完成了这么多，相信下面的任务我一定也能完成"，这样一来，完成剩下的任务也就不是什么难事了。

若是没能按时完成任务或是任务失败，就需要反思激励。这个时候，要做的不是悲悲切切地自我责备，而是吸取经验教训并反思如何扭转不利局势。不妨告诉自己："这次是因为我轻视了对手，过于自大，以致让对手占了优势。一定要吸取教训，下次要认真分析对手，做出更有竞争力的提案。"

具有心领导力的人都懂得为自己画一张饼来激励自己。

如果没有人为自己喝彩，那就自己为自己喝彩吧！

※**心领导力法则**※

人生总是高低起伏，悲喜无常，唯有希望一直在内心燃烧。特别是当你处于人生低谷的时候，能让你更加有拼搏动力的常常就是希望。懂得自我激励的人，结局会大不同。

Part 3

心领导力，帮你掌控人生

- 贫穷不可怕，可怕的是不敢正视
- 别让自己成为生活的奴隶
- 有人不喜欢你？那是再正常不过的事
- 慢生活，提升幸福感
- "速成神话"是骗局
- 激情是吸附成就的强力磁石
- 热情赢得好人缘儿
- 幸福在比较中渐行渐远
- 欣赏别人，而不是挑剔

第六章

勇气——放心去飞，勇敢去追

放手一搏，可能失败也可能成功。如果连搏一下的勇气都没有，那就只能失败。这个道理人人都懂，但真到了需要搏一下的时候，很多人却没有行动的勇气，这是内心怯懦的表现。心领导力教你告别怯懦，让内心充满勇气，该拼搏的时候方能大胆一搏。

贫穷不可怕，可怕的是不敢正视

贫穷并不可怕，可怕的是不敢正视贫穷。

这个简单的道理大家都知道，然而许多人为了所谓的"面子"，会不自觉地自欺欺人，甚至打肿脸充胖子。其实没有必要这样，一位作家曾说："对于有些人来说，他并没有显赫的出身和富裕的家境，但这并不意味着他没有改变现状和获得财富的可能。相反，正因为他一无所有他才有通过努力上升的空间。"确实如此，很多情况下正是贫穷激发了无限斗志。

一个寒冷的冬天，两个穷秀才身着单衣，在风中瑟瑟发抖。有人问他们："天气这么冷，为什么穿这么薄的衣服？"其中一个秀才诚实地回答："因为不穿单衣会更冷。"另一个羞于承认家境贫寒，回答说："我从小得了一种热病，不能穿厚衣服。"

大家都知道后者在说谎，但是谁也没有戳破这层窗户纸。过了些日子，一个好事的财主想揭穿这个秀才的谎言，就虚情假意地邀请这个秀才去他家做客。财主强留秀才喝茶赋诗到晚上，顺理成章地让秀才留宿，并对秀才说："既然你得了热病，那今晚你就在凉亭休息吧！"

有苦说不出的秀才哆哆嗦嗦地呆到了半夜，冻得实在受不了就逃走了。第二天，财主找到这个秀才问："为什么昨夜不告而别？"秀才支吾着回答："唉，我怕日出天太热，所以趁着早晨凉快就走了。"

同是穷秀才，对待生活现状却是不同的态度。一位幽默地自我解嘲，另一位却是虚荣地掩饰。古人云："穷且益坚，不坠青云之志。"越是贫困的时候，就越应当坚守意志，不改自己冲天的凌云壮志。

贫穷并不可怕，可怕的是没有勇气正视贫穷。面对贫穷，若能换个思路，勇敢地面对它，贫穷也就不那么可怕了。

虎瘦雄心在，人贫志气存。一个人就算生活状况再穷困落魄，只要保持本心，不丧失气节，也一定能战胜困难。

曾有则关于美国处于贫困线以下人们生活状态的报道。这些所谓的贫困者大多数拥有自己的独立住房和汽车。以美国的经济为标准的贫困人口，如果出现在非洲一些较为落后的地区，就是个让人羡慕的富翁。可见，贫穷也是相对的。

从另一个角度看，一个物质相对富足的人其精神世界可能一贫如洗。面对贫穷，不妨问问自己的内心，是否敢于承认和正视它，并通过努力消灭它。

贫穷并不可耻，更不该被世世代代继承。贫穷带来的真正的悲哀在于扣着这顶帽子的人心里永远装着"我不配"三个字，而这三个字会让人永远贫穷下去。

※**心领导力法则**※

富兰克林说："贫穷本身并不可怕，可怕的是自己以为命中注定贫穷或一定老死于贫穷的思想。"哀莫大于心死，一个人没有积极奋发脱离贫穷的雄心，就不可能有脱离贫穷的行为。人之所以没有脱离贫穷的雄心，罪魁祸首在于不敢正视自己的贫穷。

别让自己成为生活的奴隶

"人有悲欢离合，月有阴晴圆缺，此事古难全。"不错，"人有悲欢离合"，这是每一个人必须经历的，谁都无法躲避；"月有阴晴圆缺"，这是自然规律，谁也不可能将其改变。坎坷与崎岖是人生的常态，尽管人们心知肚明，却难免患得患失。人们总是急于证明对事物的所有权，将自己的喜怒哀乐寄托在得失之上，害得自己成为生活的奴隶。

有一年春天，王阳明和他的朋友到山间游玩。朋友想考一考这位闻名遐迩的理学家，于是指着岩石间的一朵花问道："你经常说，心外无理，心外无物，天下一切物都在你心中，受你的心控制。你看这朵花，在山间自开自落，你的心能控制它吗？难道你的心让它开它才开，你的心让它落它才落？"王阳明的回答很有意味："你未看此花时，此花与你的心同归于寂，便知此花不在你的心外。"

生活中的荣辱得失再平常不过，然而有些人却常常被其牵着鼻子走，名义上是生活的主人，实际上做了生活的奴隶。谈到得失，不妨看一看下面这个故事：

黄河边住着一户贫穷的村民，他们靠编织芦苇生存。虽然生活清贫，却十分快乐。一日，这家的孩子在芦苇丛中游玩，拾到一颗价值千金的珍珠。孩子惊喜地睁大了眼睛，兴冲冲地揣着这颗珍珠，一路小跑回了家。

到家后，孩子把珍珠拿给父亲看，并将事情的原委一五一十地说给父亲听。父亲见状慌忙对孩子说："赶快将这颗珍珠砸碎！你手里的珍珠是深潭底黑龙下巴上的宝贝。你这样轻易捡到这颗珍珠，一定是因为黑龙正在呼呼睡觉。如果黑龙醒过来，你还能活着回来吗？"

跟故事里那位有智慧的父亲不同，现代人往往放不下到手之物，若是既有之物消失不见，便哀哀怨怨，悲悲戚戚。实际上，失去与得到是人生中再平常不过的事情，我们从得到某件东西起，就意味着终有一天会失去。心领导力告诉我们，不要在乎生活中一时的得失，将得失心放下，不累于尘世间的你争我夺。人一旦沉溺在得失的海洋里，就会变成生活的奴隶，失去洒脱和自在。

当你在得失之间徘徊的时候，应当以泰然处之的心境去思考得失，衡量利弊，不在意一时的得失，便不会产生那么多的苦恼。"以物喜以己悲"的心态要不得，应以一颗平常心，观察世间百态，体味人间冷暖，抚平内心的患得患失与大喜大悲。只有回归本心，才能让自己从生活的牢笼中解脱出来。

一个偏僻的小镇上，有一眼神奇的泉水。这眼泉水之所以被人们奉若神明，是因为传说它能够医治好各种疾病。某天，一位只有一条腿的伤残士兵拄着拐，慢慢向泉水靠近。这幅场景引来很多人的围观。人们看到可怜的士兵只剩下一条腿，都向他投去同情的目光。路人想要上前搀扶他，被他婉言拒绝了。

镇上一位上了年纪的好心居民说："这人真可怜，快点到泉水边去吧，让泉水保佑你能够重新长出一条腿来，这样生活就不会那么难了。"

士兵听了好心人的话，转过头笑着说："我来并不是想让泉水帮我再长出一条腿，而是希望它能够告诉我凭借一条腿该怎样生活。"

士兵失去一条腿，却没有因为自身的伤残而痛苦抱怨，相反，他有着坚强的信念。勇敢的他用一颗平常心面对上苍给予他的一切，没有被生活中的苦恼所束缚，始终把人生的主动权掌握在自己手中。

"不以物喜，不以己悲"，具有心领导力的人懂得得失之间的大智慧，不会被眼前的利益纷争遮住双眼，从而能很好地掌控自己的未来。

※心领导力法则※

哲学家叔本华说："财富就像海水，饮得越多，渴得越厉害，名望实际上也是如此。"我们所感受到的束缚，多数情况下不是外界强加给我们的，而是我们自己背负在身上的。欲望若是无止境，想要的越多束缚也就越多，直至沦落为生活的奴隶。

有人不喜欢你？那是再正常不过的事

过于在意别人眼光的人常为此烦恼："我努力做到对每个人都好，可是为什么还有人不喜欢我，甚至还有人恨我？这让我太痛苦了。"套用一句网络语言："你又不是人民币，不可能每个人都喜欢你。"

在这个世界上，无论多么伟大、高尚的人都有不喜欢他的人，甚至有恨他的人。有人不喜欢你？那是再正常不过的事。如若为此事烦恼，只不过是自寻烦恼。

遇到无法理解的事，不妨换位思考。这个世界上的每一个人你都喜欢吗？当然不。既然你不可能喜欢每一个人，那么你也不能要求每一个人都喜欢你。

总有一些人期望，得到所有人的关注，于是便一味地讨好别人，结果让自己陷入尴尬的境地。很多时候，当一个人为了和每个人都搞好关系并为此付出很多时，不喜欢他的人可能仍旧不喜欢他，而且还不领情。

公关部助理杰妮是个谨小慎微的人。她知道在大公司，人际关系很重要，因此处处留心，希望能让同事上司喜欢。

平日工作的 8 小时里，杰妮对每个人都笑脸相迎，有求必应，从来没有对周围人的要求说过"不"字。她本以为这样的为人处世算得上是天衣无缝，可是不知为什么，她却渐渐成了办公室里最受大家排斥的人。

杰妮委屈极了，自己不仅没有做错事，还利用工作时间帮同事的忙，为什么没有得到大家的喜欢，反而惹来讨厌呢？直到上司说出缘由，杰妮才恍然大悟：正是因为杰妮的过度随和，同事们反倒觉得她虚伪不可信。

心理学专家认为，一个过度在意周围人评价、期待自己能获得所有人喜欢的人，可能在童年时受过心理创伤，认为遭到别人的否定是人生的一大灾难。这些人常常会极尽所能地迎合他人，过分在意别人的眼光和评价，遇事不敢做决定，并且发自内心地害怕承担责任。

我们不可能让所有人满意，因为谁都不是完美无缺的。退一步说，即使有人真的做到了完美无缺，那他也仍然做不到让所有人满意，因为他的优秀会使一些人产生抵触情绪。

罗伯·霍金斯半工半读念完耶鲁大学，先后当过伐木工人、家庭教师、作家，30 岁成为芝加哥大学的校长。如此优秀的人，大家是怎么评价他的呢？老教育家说他经验不足，年轻教育家批评他教育理念不成熟，写文章批评他的人更是不计其数。

对我们普通人而言，如果我们被我们认识的所有人中的 20% 喜欢、30% 讨厌，其他人毫无感觉，这样的人缘就已经很好了。我们需要知道的是，他人的抵触态度并不代表你品德很坏或有很多不足的地方，而是你们之间的性格和价值观有差异。

我们不可能赢得世界上每个人的喜欢，只要能得到自己最在意的人的爱，就是幸福的一生。戴尔·卡耐基曾指出："你们以后不要刻意去讨好每个人，也不要太在意别人的评价，只要努力做好自己就可以了……最重要的一点是，当你不再奢求每个人都喜欢你的时候，你或许还真的能够讨得大家的喜欢。"

当你不再讨好大家，平等对待每个人时，大家反而会感觉你是一个真实、诚恳的人。尤其是身在职场，坦诚共事不失为明智之举。

我们还要接受不完美的自己。妄想每个人都喜欢自己的人往往对自己的感情、感觉和行为不信任不负责，也很难主导自己的人生。殊不知，别人在你心中无足轻重，你才能对自己的人生负责。你人生的主宰是自己，只有喜欢上自己，你的幸福感才能持久稳定。

做人要自爱，才有信心有底气获得别人的爱。

※**心领导力法则**※

有人曾说："人生处事应如雪，柔和淡然花散地，才能让人深刻铭记于心底。"全方位地看待自己，试着用一颗平常心看待周围的一切，那么你的从容必然会使你在不经意间博得大家的喜欢。

别在将来会后悔的事上浪费生命

比利时曾经有一项针对 60 岁以上国民做的调查，主题是：你最后悔的事情是什么？在诸多调查结果中，"虚度青春，一事无成"位列第一。

时光如流水一去不复返，即便后悔也不可能重来。然而，有多少人在最美的时光溜走后，才发现自己把它浪费在了不值得的事上。

　　年轻时，我们总以为时间还有很多，于是放纵自己，在徘徊中虚度光阴，在彷徨中迷失自我。很多人虽然知道自己做的决定将来一定会后悔，但还是选择了错误的路，放纵自我、耽于酒精、沉溺于痛苦。如果这个时候提醒自己珍惜时光，那是不是能令自己幡然醒悟呢？

　　人之所以痛苦，就在于既不愿意正视自己的错误，却又无法释怀。于是，面对自己也无法解释的生存状态选择了睁只眼闭只眼，得过且过。然而，谁都不可能永远年轻，在一定会后悔的事情上浪费生命，等待我们的就只有终身遗憾和愧疚了。

　　哪些事情是必定会后悔的呢？放纵自己就是其中之一。印光大师开示："心一放纵，诸不如法之念头随之而起矣。"的确如此，心一放纵，就会使人失去约束，理智也变得苍白，在无所顾忌中丧失了做人做事的原则。比如，放纵自己的心去嫉妒。嫉妒别人不会给自己带来任何好处，也不可能减少别人的成就，只会让自己不快乐。常怀嫉妒心就会无端抱怨，而抱怨只会让人越来越消沉，最终一事无成。

　　不少年轻人自认为外形靓丽就可以任意挥霍青春，殊不知这是对生命的不负责。放纵只会让人做出终身后悔的事情。年轻这种资本不会长久，总有一天青春年华会不讲情面地离我们而去。那些高喊着不在乎天长地久只在乎曾经拥有的人在遇到真爱的时候，常常要为

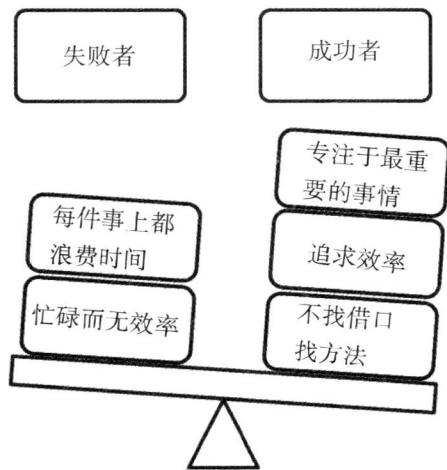

成功者与失败者在精力投放上的区别

错爱埋单。

不要把生命浪费在鸡毛蒜皮的小烦恼上，不要把时间浪费在自卑自怜自暴自弃上，不要把青春交给不值得爱的人。

时光不能倒流，青春无法重走。人生一世是一场与自己美好的约会，好好利用灿烂的光阴，做喜欢的事，做能帮助别人的事，做有价值的事，才不会辜负我们的青春。

※**心领导力法则**※

一旦把青春浪费在一定会后悔的事情上，会消耗掉很多宝贵的时光，这是得不偿失的。用心活好每一天，珍惜当下的青春，才能铸就未来的自己。

对不公的愤慨会成为你前进的障碍

俞敏洪说："世界上没有绝对的公平，公平只在一个点上。心中平，世界才会平。"活在纷繁世界的你我总是多多少少在心中藏着一点不平衡。

"别人有份高薪轻松离家近的工作，我没有！"

"别人有香车豪宅，我没有！"

"别人有个有权有势的爸爸，我没有！"

……

如果不及时控制，不平衡的心理可能会导致糟糕的结果。好在，大多数人愿意遵守社会相对公平的"公约"，能够做到不损害别人，自觉接受道德的约束，在不妨害他人的前提下通过自己的努力实现自己的价值。然而，也有些人想不开看不透，他们一味怨天尤人，把自己不努力造成的失败归咎于他人，甚至为了达到私欲不择手段。

想想看，如果一个人总是对不公平有着极大的愤慨，却没有任何实际行动，真的就会出现想要的公平吗？

对此，俞敏洪看得比较透彻，他说："谁说机会面前人人平等？我相信个人奋斗制胜，攫取成功的精神财产将永远贫富不均。"世界上的利益本就分布不均，产生不公平实属正常。面对不公平，不应该有太多的愤懑和指责，因为这么做只能让自己停留在原地，无法取得任何进步。所以说，面对不公平，应该抱持的态度是把它当做一个契机，培养不抱怨、不气馁的心领导力。只有做到放下内心的烦躁，脚踏实地地努力奋斗，才能离成功越来越近。

禅师出去讲经布道，路遇一个绝望的女人。禅师走上前，施礼问道："女施主，你为何而哭泣？"

女人的眼泪像断了线的珠子，悲悲切切地哭诉道："我的命运为什么如此悲惨？我少时家贫，16岁那年被迫嫁了人。18岁初为人母，每天都在柴米油盐中度过。好不容易熬到儿子长大，成家立业，却没曾想丈夫在这时候突然病逝。我又被不孝的儿媳赶了出来，如今一个人无依无靠。师父，我的命真的不好，不然怎么会落得如此下场呢？我那个儿媳多么恶毒啊，要不是她挑唆我儿子，我也不会被赶出家门。唉，说起我丈夫，他生前也不是个安分守己的人，经常酗酒还好赌……"

禅师听后说："施主，苦了你的人不是旁人，恰恰是你自己。心中无佛法，无善念，就不能成善果。行事有善念，遇事不行恶，不论他人是非，最后才能有福报。儿媳不孝顺，丈夫不忠贞，可你是否反思过自己可有善待过他们？佛说，有因才有果，有果必有因。施主，你今天得到的果，定是往日种下的因。"

女人满面羞惭地问道："大师，我该如何是好呢？"

"福有福报，恶有恶报，想要得到善终，就要多行善事。即便你的儿子儿媳不赡养你，也自会有人赡养你。喋喋不休地抱怨并不能改变现状，反而会让你更加痛苦，不能善终。所以，施主日后还是少些抱怨吧！"

一味抱怨命运的不公没有任何意义，倒不如试着改变自己。我们如若像故事中的女人那样怨天尤人，家庭和事业只会停滞不前，这也意味着美好的生活将会离我们越来越远。因此，面对看似不公平的现实，应该像禅师所说的那样，少些愤慨、少些抱怨为妙。

生活中，处处有不公平，没必要为此悲伤。当你为所遭遇的不公平喋喋不休、郁郁寡欢的时候，想一想那些正遭受磨难却依然坚强的人们，他们比起我们来更有资格抱怨，然而他们却选择了坚强。你是否留心过，那些你认为幸运、命好的人，其实他们曾经遭受的苦难比你更大更多。

要知道，不公平是普遍存在的现象，何必给自己增添那么多不快？踏实努力、勇敢前行才是硬道理，具有心领导力的人都知道，不让愤慨成为自己前进路上的障碍。

※**心领导力法则**※

比尔·盖茨曾说："人生本来就是不公平的，习惯去接受它吧。请记住，永远都不要抱怨！"人生就是如此现实，妄想找到处处有利于自己的所谓"公平"，只能让自己徒增烦恼。正因为如此，具有心领导力的人从来不会要求什么绝对的公平，他们只知道有努力才有收获。

愤世嫉俗不可能得到快乐

假如你愿意花些时间回首往事，会发现其实生活是没有道理可讲的，有愚昧无知，有欺世盗名，也有弄虚作假。当你遇到这样或那样不如意的事时，心中难免会产生愤世嫉俗的情绪。特别是当你看到别人轻易地享受着你费尽心力却无法实现的生活时，心中的失落感便会油然而生。

嫉妒存在于每个人心中，当明显感到自己在某方面不如别人时，就容易产生嫉妒心理，这其实是对自己站在弱势一方的愤怒。嫉妒心理的出现是人之常情，所以不必背负沉重的心理负担。不过，应将嫉妒心理控制在一定范围内，如果肆无忌惮任由其横行，就容易产生愤世嫉俗的态度。

被嫉妒心吞噬的人会产生很多偏激、失当的想法，对社会产生不满情绪，进而在情绪失控的情况下做出损人不利己的事，甚至做出后悔终身的事。

愤世嫉俗的人很难高兴起来，他们只要看见比自己状况好的人就会气愤，整日闷闷不乐，好像一切都在故意跟他作对。

愤世嫉俗的人是难成大事的。晚清时期的经学家刘师培认为："越是没有任何成就的人越是嫉妒那些有成就的人，而越是嫉妒就越是难以取得成就。"

生活中，不少人由于嫉妒别人，变得心思敏感心理扭曲，别人正常的举动在他们眼中都如临大敌。其实，嫉妒心理是可以改变的。我们应当有这样的信念——只要肯努力踏实做事情，我们并不会比任何人差，甚至会比别人做得更好。所以，没有必要嫉妒别人，努力做最好的自己才是应有的追求。

为什么蜈蚣有那么多脚？传说上帝刚刚创造蜈蚣的时候，它跟蛇一样是没有脚的。

有一天，蜈蚣看见狮子在追赶羚羊，在两只动物风驰电掣奔跑的瞬间，蜈蚣忽然自卑起来，觉得自己行进的速度实在是太慢了。经过一番思索，蜈蚣认为自己之所以爬得慢是因为没有脚，于是跑到上帝面前苦苦哀求："仁慈的上帝，我也想像狮子一样跑得那么快，请您赐给我一些脚吧。"

上帝劝解未果，只得答应下来。不过，上帝提醒蜈蚣脚装上后就不能去掉了，蜈蚣满心欢喜地点点头。

上帝拿出许多脚放在地上，让蜈蚣挑选。贪得无厌的蜈蚣开始为自己疯狂地安脚，把一只只脚粘在身体两侧，直到身体两侧再也没有地方可粘了，才意犹未尽地停下来。

蜈蚣心中暗暗窃喜："我终于可以比狮子跑得更快了！"当蜈蚣准备冲出去时，突然发觉自己完全无法控制这些脚。它不得不全神贯注才能让一大堆脚顺利地往前挪。这样一来，反而比以前爬得更慢了。蜈蚣后悔不迭，却也毫无办法。

蜈蚣对狮子和羚羊的嫉妒心理使它产生了一个偏激的想法，那就是给自己装上更多的脚。蜈蚣任由自己的欲望膨胀，最终导致步履维艰。

现实生活中，有些人看到别人比自己强时，不是让自己努力向强者靠拢，而是产生了损人不利己的嫉妒心理。面对一直无法达到的目标，我们可能会诅咒或说酸话，而一旦达到了目标，就会放纵自己的欲望，像贪婪的蜈蚣那样，没完没了地往自己身上粘脚，直到作茧自缚。放纵欲望不但不会给自己带来快乐，反而会产生无尽的烦恼。

有这样一个寓言故事：有位国王为了取悦自己的王后，为她建造了世界上最美丽的花园。在这座花园中，种着各种名贵的奇花异草。一天，国王陪同王后到花园散步，他本想给王后一个惊喜，却被眼前的景象惊呆了。花园中的奇花异草枯萎了一大半。国王大怒，马上派人调查此事。

经过数天调查，国王终于了解了花园中花卉枯萎的缘由。原来，这座花园中的奇花异草全都心怀嫉妒。橡树由于嫉妒松树比它高大挺拔，郁郁寡欢之下死了；松树因为觉得自己不能像葡萄那样结出许多果实，烦闷而死；葡萄呢？哀叹自己只能紧靠架子匍匐着，不能像桃树那样挺拔并开出美丽的花朵，也郁郁而终；牵牛花也病倒了，它认为自己的香气不如紫丁香那样芬芳。花花草草各自想着自己的心事，惨淡无光，生机全无。

王得知这个消息后，万分感慨。他一个人走出皇宫散心，不知不觉又来到花园。在这满目荒凉中，国王突然发现居然还有一种植物安静静地茁壮成长，这种植物叫心安草。

国王奇地问道："心安草，为什么别的植物都嫌弃自己渺小，一个个在其他植物之中接连死去，你为什么丝毫不受影响呢？"

心安草笑着回答："我能活到现在，不是因为其他，而是因为我从来不伤失望，从来不嫉妒其他植物，我知道自己只是一株心安草，做好就行了。"

安安静静做一棵无人知道的小草，也许有人会觉得这样的想法是胸无大志。其实并不是这样，于无声处听惊雷，无论多么平凡的角色都能做出伟的成就，何必让嫉妒心打消我们的快乐，干扰本该属于我们的幸福活？

※心领导力法则※

一个对现实总有各种各样不满的人，一个对生活少有感激多有抱怨的人，是永远得不到幸运女神的眷顾的，这样的人只能在愤恨和牢骚中终老。

后悔的时候，用祸福相依开导自己

塞翁失马，焉知非福。人们以此来诠释祸福相依，也说明人生跌宕起伏，难以预料。我们在命运面前深感自己的弱小，因此总想去扼住命运的咽喉，安排自己的前程。然而，世间悲喜事更迭，又有谁能承担起上帝的角色来掌控自己的命运？人生的常态本就是起伏不定，有福有祸的。知道了命运的无常，我们就大可不必因为获得而欢欣，因为失去而悔恨。

2002年，一个名叫杰克·惠特克的美国人独享"强力球"彩票的头号大奖，获得了美国有史以来最为丰厚的奖金——3.15亿美元。惠特克当年62岁，这张彩票是他在超市一时兴起购买的，而这天降的好运彻底改变了他的生活。

惠特克中奖后，他送给卖给他奖券的销售人员一幢房子和一辆车。两个星期后，惠特克成了新闻人物，但他的生活也从此被各个新闻媒体有形无形的压力所包围。

两个月后，惠特克的人生命运急转直下。他先是因为酒后驾车锒铛入狱，一年后的某天，他从酒吧出来后被一群劫匪认出，被打劫，这让他损失了上百万美元。之后，他又在一场盗窃案里损失了20万美元。2006年，惠特克的妻子去世，随后他又爆出性骚扰事件。更加不幸的是，连他的宝贝女儿也抛下这个可怜的亿万富翁，先他而去。

　　惠特克跌宕的命运让人唏嘘不已，从平民到亿万富翁，却又横遭一系列突如其来的变故。这个发人深省的故事在警醒我们，人生充满变数，谁也不知道现在面对的是福气还是灾祸。因此，不管我们如何行事，一旦做出选择就不要后悔，因为人生起起落落是再正常不过的事。

　　许多人在走错一步路后便大呼后悔，捶胸顿足地说"早知如此，何必当初"。如果心情停留在失败的漩涡中走不出来，将自己的时间点止步在后悔的情景中，不但会给自己的身心健康带来不良影响，甚至可能让本就不快的结局变得更糟。

　　有一位大臣，一直很乐观，无论遭遇什么不好的事情，他都会说："这也未必不是一件好事啊！"一天，他家里发生了严重的火灾，给他造成了很大的损失，同僚们都赶来安慰他。他却乐呵呵地说："这也未必不是好事啊！"后来，这件小事传到了国王的耳中，国王很欣赏他达观的生活态度，便给他升了一级官职。大家都来向他祝贺，可是他脸上并没有流露出十分喜悦的表情，只是淡然一笑。

　　这位大臣的美名轰动朝野，国王对他愈加宠信。可好景不长，国王外出打猎，不小心伤到了一根手指，没有保住只能截去。一向养尊处优的国王心情抑郁，怀疑是什么不祥的预兆。于是，他把这位深得信赖的大臣招来询问。大臣面不改色地说："陛下不用担心，这也未必不是一件好事啊！"国王一听勃然大怒，命人把大臣关进了监狱。

　　过了一些日子，国王的伤口愈合了，他再一次出猎，结果中了野人的埋伏，不幸成了野人的俘虏。按照野人部族的规矩，俘虏的首领要用来祭神。就这样，惊魂未定的国王被押上了祭坛。国王绝望地闭上眼睛，以为自己必死无疑了。就在千钧一发之际，祭司突然终止了仪式，大声喊："这个人不能用来祭神，他缺了一截手指，这可是对神的大不敬啊！神会降罪于我们的。"就这样，国王死里逃生。

国王被野人释放后，狼狈地逃回宫中，而跟随国王一起出猎的人都被野人杀掉了。国王劫后余生，感慨不已。庆幸之余，他忽然想起了大臣的那句"这也未必不是一件好事"，竟然被言中了，真的是因祸得福。于是，国王赶紧派人放了大臣，并设宴款待他，向他赔不是。大臣不但没有一点儿怨言，反而乐呵呵地说："其实陛下把我关进监狱，也未必不是一件好事。试想，如果我没有被关进监狱，肯定也会随您出猎。这样一来，我不就和那些随行人员一样成为祭品了吗？正因为我被关在监狱，才得以保全性命，这不是因祸得福吗？"国王听了，恍然大悟，对这位大臣赞不绝口。

这则小故事中的大臣在面对祸福得失时，从不患得患失，总能淡然处之，从容应对，危急关头往往能化险为夷，转危为安。

在面对常人眼中的不幸时，为什么具有心领导力的人能表现得从容淡定？因为生活中的磨砺告诉他们，事情既然已经发生，后悔显然是没有用的，与其后悔不如冷静思考，坐下来好好想想事情的解决办法，或许还有改变的余地。

为什么要为一时的成败得失而后悔？后悔的时候，不妨用祸福相依来开导一下自己，阴霾过后是晴天。

※**心领导力法则**※

心理专家说："祸与福的相倚相依是一种耐人寻味而又普遍存在的现象。"我们不是圣人，难免会做错事，但后悔终归是没有用的。对于无用的后悔，具有心领导力的人有着不同的选择，他们会在内心时时提醒自己：福兮祸之所倚，祸兮福之所伏。

第七章

定力——沉住气，方能成大器

定力不是与生俱来的，需要不断历练，历练抵御诱惑的能力，历练抵御欲望的能力，历练抵御恐惧的能力。一个心领导力强的人必然是一个克制力强的人，他们是自己命运的主宰者。

慢生活，提升幸福感

现代社会的中国人是媒体公认的最着急的地球人。那些刚刚踏上创业之路的人，便恨不得一夜暴富；上网时极度缺乏耐心，不断地按"快进"和"刷新"键；给人写信往往选择快递"当日到"；拍证件照，宁愿付出双倍的价格也要"马上取"。时间诚然宝贵，有惜时如金的观念没有错，但是我们不该把丰富的人生只用于和世界"竞赛"，要知道心急吃不了热豆腐。

赶时间的背后，是人们普遍的焦虑心理，这种状态长时间保持的话会让人患上时间紧迫症。患有时间紧迫症的人无论何事都恨不得立刻完成，出现问题会立马解决，期待用最短的时间做出最好的成绩。

每个人都被自己的内心催促着不停地奔跑，好像真的要跟时间"一决高下"。然而，在马不停蹄地奔跑中，人们不知不觉离幸福和健康越来越远。

晶晶刚入职一家广告公司，正赶上公司最忙的时候。部门经理亲自带着她做项目，常常加班到夜里十点。过度疲劳的晶晶这天感觉不佳，想要回家休息，没想到部门经理却生气了，对晶晶大吼：

"工作没做完就要走？明天再做来得及吗？"晶晶疲惫又委屈，只得继续加班。

从那天开始，晶晶不得不给自己制定苛刻的工作安排表，并强迫自己每天超额完成。几个月后，晶晶的身体亮起了红灯，她感觉身体越来越疲倦，工作效率提不上去，整天无精打采。晶晶试图暂时离开工作岗位，修整调养一下，但是一离开工作岗位她就坐立不安，总担心未完成的大事小事。到了年度体检时，体检报告显示晶晶的颈椎、腰椎都出现了严重问题，医生要求她今后不能在电脑前久坐。

英国时间专家格斯勒说："我们正处在一个把健康变卖给时间和压力的时代。而且，这种变卖是不需要任何契约的，以一种自愿的方式把我们的健康甚至幸福抵押出去。"

都市职场人每天繁忙地穿梭于水泥"围城"中，被忙碌所取代的恰恰是生活的幸福感。这让笔者想到著名导演陈逸飞在上海因病去世的旧闻。这样一位热爱生活的电影艺术家为什么突然离开了人世？原来，因忙于拍摄新片《理发师》，导致他胃出血住医院治疗，可是病情刚有好转，他便又赶回拍摄现场，不注意休息使他的病情恶化，最终离开人世。

时间本来是为了让人们的生活更加便利而定义出来的概念，如今却成了束缚人们的枷锁。一个人在危机感的包围下惶惶不可终日，连身心健康都保证不了，哪里还有享受人生的时间？

很多时候，我们大可不必着急。那种被时间压抑的紧迫感不是生活应有的样子。人生如茶，慢慢品味才会韵味无穷。前几年有部广受好评的电影《志明和春娇》，剧中春娇问志明："你知道我是什么时候爱上你的吗？"原来是两人在宾馆一夜相安无事的时候。当时志明深情地对春娇说："我们又不赶时间。"正是因为不着急，春娇爱上了志明。

当你还在为工作焦头烂额时，不妨为自己制订个日程表，安排好每天要做的事。这个日程表一定要为自己留下充裕的休息时间。如果要外出，不妨提前算好距离和时间，给自己留出一刻钟的时间以备不时之需。这样的话，你方能从容应对，不会有过重的心理负担。

让生活慢下来，让脚步轻快起来。当越来越多的欲望让我们不堪重负时，一定要提醒自己"放下"。当你烦躁不安、希望加快脚步却又心有余而力不足的时候，不妨暗示自己："这件事并没有那么赶""不要太着急，慢慢来"。

如果你的内心始终保持这样一份清醒，那么生活定会从容很多。此外，每天安排一点时间和自己独处，听听歌、散散步，不失为一种很好的提升幸福感的方法。

※心领导力法则※

工作诚然重要，却不是生活的全部。在急躁的社会中，学会放缓脚步才能悟出生活的真谛。有心领导力的人都知道，生活需要放慢速度用心感受，一步一个脚印，期待中的美好终将到来。

"速成神话"是骗局

在快节奏的当下社会，书法速成、英语速成、瘦身速成等各种速成早已不是什么新鲜事了。为了在最短的时间里取得最大的效益，我们无所不用其极。过去那种"用一生去经营一项事业""用一辈子去爱一个人""十年磨一剑"的事例越来越少见，大家被时代的鞭子赶着，惶惶不可终日。

一位事业单位负责公开招聘的面试官对此深有体会。每一位应聘者入场的时候都是一副彬彬有礼、举止得体的样子，根本看不出来差别。然而，面试过程中的问答一多起来，语言表达、心理素质等差距就显现出来了。

某企业面试时，面试官故意在应聘者必经之路上放了一把笤帚，绝大多数人熟视无睹，只有一位小伙子把笤帚捡起来靠在了墙边。最终，只有这个小伙子被录用了。

这个故事被写进不少职场的书中。书店里关于面试技巧速成的书籍不一而足，很受欢迎。相较于技巧的掌握，个人素质的提高显然需要一个漫长且辛苦的过程。所以，很多年轻人更喜欢速成的技巧。我们的功利心太重了，不愿意努力培养良好的习惯和扎实的基本功，而是倾向于讲速成、讲技巧，希望在较短的时间里尽可能捞取更多的好处。这种速成的技巧，也许的确会给别人留下较好的第一印象，而当所有人给人的第一印象相差无几时，真正的较量便是货真价实的功底了。

对于职场人来说，扎实的专业知识、过硬的心理素质、宽广的知识面、流畅的语言表达、与人交往的亲和力等都是需要具备的重要素质。这些素质不是一天两天或读几本书就能培养起来的，它需要一个漫长而勤奋的过程，需要耐得住寂寞，努力学习，积极参加社会活动。这样，将来有一天我们站到面试官面前时，定能征服面试官，赢得事业的良好开端。

许多人儿时参加过"记忆法速成班"，然而学到的只是一些在有限的情境下才能使用的记忆法，对我们真正需要大量记忆的应试知识并没有多大的帮助。或许，你也曾经相信"7 天减肥法"，然而使用不正确的减肥方法，对身体的损害很大，还需要花费很长时间才能调理好。至于用算卦、星座等"速成法"观人识人，很可能早已让你吃了大亏。

当然，也不能对"速成"心理完全否定，它的背后毕竟还有一颗希望进步的心。然而，追求速成者往往不愿意付出与想要取得的成就等价的汗水，他们所追求的通常是虚荣心的满足。

"速成"看似是一种捷径，却让人错过了系统学习的机会。谁都知道"现磨咖啡"和"速溶咖啡"在味道和口感上的差别，可是在生活中却不愿意为曾经的懒惰和拖延买单，总想着用"速成"的方法迅速补齐缺失的"课程"。其实，所谓"速成"也只是让他们"看起来像"成功者一样，而并不能达到成功者那种程度的知识储备和眼界格局。

"速成神话"终究是一个骗局，要知道成功者曾在路途中忍受了怎样的孤单和失意、汗水与泪水，而你却想轻轻松松"速成"，达到与成功者同样的水平，这是不可能的。你模仿的只是成功者的表面，而真正见功力的是平时一点一滴的积累。

※心领导力法则※

现在也许不再是"十年磨一剑"的时代，但仍然需要持之以恒的决心。具有心领导力的人相信一分耕耘一分收获，贪图小便宜走捷径终将吃大亏。

好方法偏爱冷静的头脑

通常，人们在良好的环境里定力会比较好，而定力的丧失，很大程度上是因为环境发生了变化。其实环境每时每刻都在发生变化，我们不能要求环境一成不变，那就只能要求自己在变化的环境中保持冷静的头脑。

有个词叫"慌不择路"，意思是人们在紧急情况下会变得慌张，进而做出不计后果的选择。这种盲目无措的反应，对于解决眼前的问题不但没有丝毫帮助，反而会让事情越来越糟，甚至给我们带来许多不必要的伤害。在遇到麻烦时，只有拥有一颗冷静的心才能够保持睿智的头脑，才能够找到解决问题的正确方法。

当变故出现后，首先要做的不是恐慌，不是抱怨，而是设法改变它。要知道，解决问题需要的是行动而不是抱怨。有些人可能会说，这没什么难的，如果遇到突发变故，自己也会冷静下来想办法解决。但事实上，当遇到的变故一时无法解决时，很多人的冷静便不见了。

遇到一时解决不了的问题，应该学会面对它，接受它，绝对不能因为事情一时无法解决便乱了方寸。当我们陷入逆境中时，千万不要盲目行动，因为在不理智的情况下采取行动，很有可能会适得其反。将注意力集中在当下需要解决的问题上，而不从心理上对其做任何消极的标记，然后再全力行动，争取尽快从逆境中彻底摆脱出来。很多时候，不给逆境贴上沉重的心理标签，才能获得想要的结果。

二战期间，一艘美国驱逐舰停泊在某国港湾，一名士兵按照惯例巡视全舰时，突然停住了脚步，他看到一个乌黑的大东西在不远处的水面上浮动着。

他仔细一瞧，脸色马上变了。原来那是一枚触发式水雷，可能是从某处水雷区脱离出来的，随着退潮的水流正慢慢向舰身漂来。士兵抓起舰内的通讯电话，通知了值日官，值日官评估状况后，马上通知舰长，并发出全舰戒备讯号。短短几分钟，全舰官兵在甲板上集合完毕。官兵们紧张地注视着那枚慢慢漂近的水雷，大家都知道情况非常危急，灾难即将来临。

大家提出各种办法，如起锚快速开走、发动引擎使水雷漂走等，结果都行不通，一来没有足够的时间，二来螺旋桨转动只会使水雷更快地漂向舰身。看来，悲剧是没有办法避免了。这时，一名水兵突然大喊道："把消防水管拿来！"

大家立刻明白了他的用意，于是一起向舰艇和水雷之间的海面上喷水，制造了另一条水流，把水雷带向远方，然后再用舰炮引爆水雷。一场危机就这样被化解了。

美国第 32 任总统富兰克林·罗斯福曾说："我们唯一该怕的是恐慌心理。"对付恐慌的最好方法就是冷静面对，因为一个错误的决定可能会导致一场无法挽回的灾难。

因此，身陷逆境时，与其在慌乱中寻找出路，失去方向；不如保持静默，拭去心灵的浮躁，让心清明起来，这时出路往往会出现在眼前。

※心领导力法则※

冷静的头脑更容易找出解决问题的办法。很多问题不是无法解决，而是需要找出解决的方法和技巧。如果没有冷静的头脑，就很难找到这些方法和技巧，那么问题当然很难解决了。

坚持，让你一往无前

一切成功都是因为有目标，但是将目标转化为成果，往往需要很长时间。这个过程中，如果没有坚韧的意志力，是很难做到的。

112

有这种意志力，才能抵御等待时的寂寞、曙光前的黑暗，才能冷静面对成功路上每一个关键问题，安然度过每一道坎儿。

在通往成功的路上，顺境和逆境总是循环往复的，具有强大心领导力的人往往能在顺境中保持冷静，在逆境中坚持到底，一步一步向前走，最终实现目标。

曾两度出任英国首相的本杰明·迪斯雷利是意大利裔犹太人，这个出身无疑是从政的一个弱点，而他却成了英国历史上著名的首相之一。迪斯雷利获得成功的关键，就是他坚定的意志力和对目标的坚持。

少年时，迪斯雷利给自己的定位是成为一名作家，但他内心深处并不热爱写作，因此他的作家生涯并不成功。他出版的书籍很多，却没有一本给大众留下深刻印象。迪斯雷利反思后，决心从政。

1835年，迪斯雷利加入英国保守党，开始了自己的政治生涯。要知道，成为政治家要比成为作家更加艰难，尽管遭遇多方面的阻碍，但迪斯雷利并不认为暂时的打击就是失败，并抱定信念决不放弃。正是坚强的意志支持他度过了多次危机，获得最终的胜利。

迪斯雷利有句名言："成功的秘诀在于坚持目标。"这句话可谓道出了迪斯雷利的心声，早年，他连续经历五次竞选失败后，才迈出了成功的第一步。

他在众人一次又一次否认他的能力的时候，没有选择放弃，而是选择"再试一次"。或许，最终能得到民众的支持就是因为他身上那种百折不挠的坚强意志。

罗曼·罗兰曾说过："痛苦像一把犁，它一面犁破你的心，一面掘开生命的新起源。然而，唯有永不言弃、永不绝望的人才能掘开生命的新起源。那些在艰难困苦面前畏缩后退的人只能成为碌碌无为的人。"

的确，当很多人同时追求一个目标时，只有坚持到底的人才能笑到最后。那些意志力薄弱的人总是怀疑自己的能力，如果用这样一种心态做事，必然会有意无意地激发失败的潜意识。

做出一个伟大的决定并不难，难的是怎么把决定下来的事情坚持下去。如果不能忍受奋斗的艰辛，就不可能取得胜利。世界只为两种人敞开大门：一种是有坚定意志的人，另一种是不畏惧任何障碍的人。成功者与失败者最大的区别在于：成功者始终用积极的内在驱动力掌控自己的人生。

前英国首相丘吉尔在生命中的最后一次演讲中，用 20 分钟阐述了两句话："坚持到底，永不放弃！坚持到底，永不放弃！"

这种信念是成功者必备的素质，但并不是说拥有了它就一定能够成功，要想取得想要的成功还要善于挖掘、利用资源。但是，如果没有坚定的信念，资源再多，也会白白浪费掉，最终成为一事无成的人。

※心领导力法则※

如果将目标和计划看作是蓝图，那么坚定的信念就是促使完成蓝图的精神鞭策。人都是有惰性的，只有不断鞭策自己，刺激自己，才能消除惰性，迎接一个又一个挑战，战胜一道又一道难关。

成功是专注力的游戏

定力最直接的表现就是保持专注。所谓专注，就是把精力集中在一件事上，不因外部的干扰而转移，也不因心态、情绪的波动而精力涣散。

贝勒大学一位名叫耶格尔的研究员在 1986 年做了一项实验，他在德克萨斯州选择了 10 名成功人士和 10 名普通市民，这 20 名参与者都没有参加过专业的射击训练。

实验是这样的，耶格尔让这 20 名参与者来到靶场，朝指定的靶位射击。他调整了靶子的距离以降低射击难度，在前一百发子弹的射击中，成功人士组和普通市民组没有明显的区别，命中率都在 85% 以上，5 环之内命中率则在 33% 到 23% 之间。

之后，耶格尔开始第二轮射击实验。在这轮射击中，他试图对射击者进行干扰，比如在耳麦中与之交谈，在靶子的周边放一些引人注意的图片。

第二轮实验的结果是：成功人士组的平均命中率降到了 73%，5 环之内的命中率降到了 25%；普通市民组的命中率则掉落到了 66%，5 环之内的命中率则低至 11%。据此，耶格尔得出了这样的结论：相对于普通人，成功者的注意力往往更容易集中，受到的干扰更少。

一个人能否在某个时间里将精力集中起来，是专注力最直观的表现，而那些专注力不强的人很容易被分辨出来。

办公室里，大家正在讨论一个广告策划方案。这时，一只苍蝇飞了进来，你为此走神了。你由苍蝇想到了蛋糕，由蛋糕想到了午餐，你瞬间感觉到了饥饿，进而又想到了以前经常去的那家餐厅。上一次去是和前女友分手之前……

对于文学创作来说，放任意识自流可能是一件好事，但对于事业来说，这却有着严重的危害。那么，一个人的注意力为何会不由自主地发生转移呢？

在研究了很多无法集中注意力的人之后，笔者得出了这样的结论：专注力来自于一个人抗拒诱惑的能力，当你将注意力集中于某件事之后，就进入了抗拒外来诱惑的状态。外来的诱惑会让你觉得目前的状态是无聊的、痛苦的，进而想去做更有趣的事情。如果抗拒外来诱惑的能力不够强大，那么你的注意力就会发生转移。那么，又是什么决定着一个人抗拒外来诱惑的能力呢？一般来说有如下三点。

第一点：压力。情绪的波动与承受的压力成正比，压力越大，情绪波动也就越大，而处于情绪失控状态下的人是无法抵抗外部诱惑的，因而也就无法集中注意力。

第二点：欲望。强烈的欲望会让人专注于一个急功近利的目标，但是如果欲望过强，则会影响对效果的评价。此时，除了立竿见影的工作，其他所有工作都会在短暂尝试后被放弃。

第三点：身体状况。一个极端疲惫的人，其注意力集中的情况一定会比处于健康状态下的人差很多。身体状况会影响人的精神状态，因而身体状况越差的人往往越无法集中注意力。当然，这里的身体状况指的是一定时期的身体反常现象，并非身体缺陷，相反，一些身患残疾的人对于事情的注意力却比普通人高。

总而言之，精力集中是成功者必备的一个特质，它在短期表现为注意力的集中，在长期则表现为专注力。短期的表现决定着你处理当下工作的能力，而长期的表现则决定着你对于目标的坚持程度。（本书附录中的舒尔特方格训练法，可以帮读者朋友提高自己的专注力）

※**心领导力法则**※

很多人将专注力看作是一种与生俱来的天赋，殊不知专注力其实是一种能力，可以通过锻炼获得。专注力强的人在做事效率方面，一定会远远高于专注力弱的人。同样一件事，专注者获得成功的几率会大很多。

第八章

激情——一种能扩散的影响力

激情是戴在身上的无形的精神名片，它不需要说话，更不需要特地说明，只要看一个人的眼睛就能知道这张名片上写的是什么。与其送出一张印刷精美、堆砌众多华丽头衔的名片，不如内练精气神，打造一张专属的精神名片。

激情是吸附成就的强力磁石

说起民国范儿，有一位风流人物不可不提。此人从外表看属于文弱书生，内心却蕴含着极大的能量，不仅能激发自己澎湃的热情，还能深深地感染与他接触的人。这个人就是民国著名学者黄侃。

黄侃天资聪颖，5岁的时候随父去成都武侯祠游玩，回家后，竟将祠壁上的绝大部分楹联背诵了下来。黄侃显现出的天赋令父亲欣喜万分，又惊诧不已。9岁时，黄侃便能读《经》，日逾千言；10岁便已读完四书五经，被称为"神童"。

黄侃读书，喜欢随手圈点。他圈点时并非兴之所至任意为之，而是认真研读，许多书不止圈点一遍，如《文选》圈点数十遍，《汉书》《新唐书》圈点三遍，《清史稿》一百册七百卷，他从头到尾一卷一卷地详加圈点，绝不跳脱。

黄侃反对那种只读所需资料，不肯一句一字认真读透全书的实用主义态度。他嗜书如命，常以购书为乐，有时将一个月的工资全部用来买书。他的夫人常常为生计发愁，只能暗中向娘家求助。即便如此，黄侃还是不满足，他在诗中说："十载仅收三万卷，何年方免借书痴？"

黄侃读书极为认真勤奋，经常通宵达旦。有人说他精力非常人所能及，实际上为了提神，黄侃喜欢饮极浓的茶，茶水几黑如漆。每次读书之前，必狂饮之。另外，黄侃的读书习惯从不因人事、贫困或疾苦而改变。有时朋友来访，与之畅谈至深夜，朋友走后，他仍坚持研读，直到读完才去休息。

在那个动荡的年代，正是由于有了这样的激情，我们才看到了一股令人感动的民国范儿。

有激情的人总有一种独特的魅力，譬如在一所大学里，学术水平旗鼓相当的两名讲师，一个在课堂上挥洒自如，讲起课来激情飞扬；另一个则柔声细语，平铺直叙，在学生心目中，前一位老师显然更受欢迎。

带领中国足球队首次打入世界杯的著名教头博拉·米卢蒂诺维奇也是一个富有激情的人。他的激情不仅体现在言语行为方面，更体现在对队员的要求上，他要求每名队员必须在比赛中激情饱满，在平时的训练中也着重强调这一点。米卢有一句口号深深影响着中国队："态度决定一切。"那么，对于想要成功的人来说，需要怎样的态度呢？

激情是必不可少的。

激情是吸附成就的强力磁石。激情澎湃的人，成功常常与之形影不离；缺乏激情的人，事业总是坎坎坷坷，停滞不前。我们身边经常有两种人：一种人智力平庸，但说话办事很有激情；另一种人的天赋显然强于前者，行事风格却不温不火。这两种人，后者的成功率往往高于前者。成功需要一个过程，不是一朝一夕的事，需要耐着性子埋头耕耘。如果没有长期的激情做动力，仅凭一时的聪明很难保证坚定不移地朝目标走下去。

提起马云和他的阿里巴巴，几乎无人不知，但却很少有人知道默默支持马云的男人——孙正义。孙正义是韩裔日本人，是国际知名的风险投资人，一位富有激情的成功人士。

孙正义曾在接受东京一家电视台的采访时说过这样一句话："我是一个沉迷于互联网的男人。"他的话举重若轻，却让人心生感慨。正是他的激情使他取得了一个又一个令世人羡慕的成就。

1981 年，结束美国求学之旅的孙正义经过思考后，最终把目标定在互联网行业。自从他下定决心，在随后的三十年里就再也没有动摇过。创业过程艰辛无比，无论高峰还是低谷，支撑孙正义一路走来的正是他对于互联网的狂热激情。

孙正义投资过阿里巴巴、人人网，即使现在身价过亿，仍然冲在投资最前线，亲自考察要投资的企业。他的追求早已超越了金钱，对互联网的激情才是他行动的真正动力。孙正义对年轻一代创业者的投资有一条非常重要的标准，那就是要具有过人的激情和极大的创造力。

激情是催人奋进的动力。一个人的激情是最有说服力的名片，尤其是职场人士，想要取得信任就要让领导、同事和客户看到你的激情。激情是一个人是否具有心领导力的重要依据。有了激情，就拥有了一张独一无二的"名片"。告别消沉和平庸，用激情创造人生，成功就在不远处。

※**心领导力法则**※

一位哲学家如是说："智慧的最大成就也许要归功于激情。"激情是拼搏奋斗的驱动力，是通往成功之路的加油站。除了让自己更有活力，激情还能感染他人，将更多志同道合的朋友聚集到自己身边。

热情赢得好人缘儿

有句俗话叫做"举拳难打笑脸人"。与人相处，友善、热情总不会有错，拥有热情会为你的人际交往增添更多的惊喜。

《闲人马大姐》剧中的马大姐就是个热心肠，无奈总是好心办错事。即便如此，马大姐依然有着让人羡慕的好人缘儿，邻居们对她非常信赖。她的热情常常感染其他人，就连那些性格古怪内向、不太愿意与人交往的人都在感受到马大姐实实在在的关心之后，愿意对她敞开心扉。

热情可以消融千年寒冰。在与人交往时，如果能够将一腔热情传递给他人，那么无论多么冷漠的人都能被你所打动。

郭广昌出生于东阳横店一户贫苦农民家庭。初中毕业后，他做出了一个改变自己命运的决定——放弃中师，改读高中。

大学时代的郭广昌把更多精力放在了接触社会上。他做了两件令他的同学交口称赞的事：第一件是暑假期间一个人骑自行车沿大运河考察，到了北京；第二件是隔年暑假，他组织十几个同学搞了个"黄金海岸三千里"活动，骑车沿海考察，到了海南。这两件事使他在一定程度上了解了社会，认识了自己。

1992 年的一个大事件改变了他的人生轨迹，这就是邓小平的南方谈话。邓小平掷地有声的一席话语深深地打动了郭广昌，令 25 岁的郭广昌热血沸腾。

也就是在这一年，郭广昌掘到了人生的第一桶金。他和 4 位同学凑了 10 万元，办起了当时还相当少见的信息咨询和调查公司——广信科技咨询公司。恰巧碰到台湾元祖食品公司进入上海，想找专业咨询公司为其发展出谋划策。广信公司最终获得合同，这让年仅25岁的郭广昌赚到人生的第一个100万。

热情具有强大的感染力，在人与人之间传递着温暖。当你热情对待他人的时候，对方会立刻感受到，而一个总能调动他人性格中光明面的人自然容易获得他人的信赖。

对珠宝店来说，售货员的服务态度对顾客是否会再次光临有非常大的影响。如果售货员展现给顾客的是一张冷冰冰的脸、一副高傲冷漠的面孔，恐怕顾客早已经逃出珠宝店了；若是一位热情洋溢、满脸微笑的售货员，任谁都会对这家店心生好感。

大家都知道连锁火锅店"海底捞"。开一家火锅店很容易，而将火锅店开遍全国，且开出名堂，则没那么容易。海底捞成功的秘诀是什么？答案是热情和暖融融的人情味。海底捞的服务人员热情的笑脸让食客们有种宾至如归的感觉，对于挑剔的客人，服务人员总是不厌其烦地想尽一切办法来满足。热情的服务深入人心，海底捞的成功自然也就在情理之中了。

美国作家艾默生说："一个人如果缺乏热情，那是不可能有所建树的。热情是在别人说你'不行'的时候，你发自内心的有力声音——我行！"

当别人对我们冷漠或者不信任时，我们需要用热情来开辟和他人之间沟通的道路，让交往畅通无阻。

克鲁伊夫不仅是世界足球史上的一位名将，也是著名的足球教练，在世界足坛的盛名无可取代。他的足球生涯极富传奇色彩，爱情也一样是个传奇。

克鲁伊夫在年少时就崭露头角，加上俊朗的外表，自然成为很多女孩儿心目中的白马王子，收到的鲜花和情书也不计其数。有一天，克鲁伊夫收到一份特殊的礼物，那是一本日记。他随手翻开日记本，发现每一页都有自己的亲笔签名！克鲁伊夫顿时好奇起来，一路把日记本翻下去。翻到最后一页，才发现是一位姑娘写给他的表露心迹的情书。

"……我已经看过你踢的一百多场球，每一场都要求你签名，而且都得到了。我真幸运啊！'爱是群星向天使的膜拜'，当然，对于拥有无数崇拜者的你来说，我是微不足道的一个。但我敢说，我是最有心计的一个，我多么希望你对我有一点印象啊！"

"坦率地说，我爱你，这封信花了我整整一个星期。我曾经在月下彷徨，曾经在玫瑰园惆怅，也曾经在王子公园徘徊，好多次想着有幸遇到你。我毕竟才 19 岁，少女的羞涩仍不时漾上脸来，心中只有恐惧和向往……现在，爱神驱使我寄出了这个本子。

"……如果你不能接受我奉上的爱情，请把这个本子还给我，那上面'克鲁伊夫'的名字会给我破碎的心一半的慰藉，那另一半就是你本人，尽管我也是多么渴望得到啊！……"

克鲁伊夫被姑娘深情的话语深深打动，同时他开始好奇这样大胆直率的姑娘会是怎样的一个人。他决定亲眼见一见这位姑娘。一个星期后，克鲁伊夫和姑娘在王子公园里一座塑像旁边相见了。面对这位名叫丹妮·考斯特尔的姑娘，克鲁伊夫对她一见钟情。最终，考斯特尔小姐变成了克鲁伊夫夫人。

即便是白纸黑字的书信，若写信人怀着极大的热情，读信人定会深受感染。

※**心领导力法则**※

著名教育家苏霍姆林斯基曾说："对人的热情和信任形象点儿说，是爱抚、温存的翅膀赖以飞翔的空气。"热情可以融化冰雪，可以让受伤的心灵得到慰藉。一个保持热情的人可以让身边的每一个人感到温暖。

幽默让你神采飞扬

在一个相声节目中，有这样一句台词："你也会说话，我也会说话，但你还花钱来听我说话，所以说相声是高科技吧！"这句幽默逗趣的话让不少人点头称是。许多人喜欢听相声、脱口秀、喜剧小品，为什么要花钱听他们说话？这就是幽默的魅力。

生活犹如稻田，不能缺少幽默的灌溉。林语堂先生曾说："一个没有幽默的民族，其心灵必日趋顽固。"林语堂先生对"幽默"一词深得其味。

他把英文"humor"，译成中文"幽默"，意思是有趣的，逗人发笑的。生活中的林语堂毫不吝惜地尽情挥洒着幽默。一日，林语堂被邀请发表演讲。在他上台前，已经有位学者进行了一番冗长的演讲。听众从饶有兴致到痛苦难忍。面对恹恹欲睡的听众，林语堂先对大家展现了笑容，然后说："绅士的演讲，应该像女人的裙子，越短越好。"话毕，就鞠躬下台了。台下听众先是一愣，继而哈哈大笑，随后爆发出雷鸣般的掌声。

同样，我们要是想跟别人融洽地交往，适当运用幽默能够更受欢迎。

幽默引人发笑，然而其实际作用远不止此。幽默更重要的作用是营造良好的交流氛围，让双方在愉悦之余敞开心扉，拉近彼此的距离。

与那些有名的脱口秀演员和相声大师不同，生活中的幽默没有剧本，只能临机而发。从某种程度上说，生活中的幽默更难。想要在生活中表现出自己幽默的一面，首先要对世事有深刻的洞察，还要足够热爱生活。这就需要我们有强大的观察力和敏锐的反应力。

一个拥有心领导力的人比一般人更能发现幽默的因子，愿意且乐于跟大家分享快乐。与懂得幽默的人相处如沐春风，会感到无比温暖和惬意。

钱钟书先生是享有盛名的作家和学者，然而，先生与夫人杨绛一生甘于平淡，深居简出，不热心于迎来送往，很少在社会上抛头露面。虽然经常有慕名来拜访的人，为人低调的钱先生总是委婉地谢绝来访。

《围城》一书的出版，在国内外引起了轰动，钱先生有了许多来自世界各地的拥趸，想要见一见这位中国作家的海外记者也不少。钱先生越是深居简出，人们对他就越是好奇。

一次，一位读《围城》入了迷的英国女士通过钱先生的好友打来电话，先是对《围城》盛赞一番，然后委婉地说想见见钱先生。对于见面的要求，钱先生自然是婉言谢绝。没想到，那位女士的态度十分坚决，最后钱钟书实在没有办法，便幽默地对她说："假如你吃了一个鸡蛋觉得不错，你认为有必要去认识那只下蛋的母鸡吗？"女士只好作罢，心中不仅没有一丝怨恨，反而因为钱先生儒雅的态度和机智的幽默，对先生更加钦佩了。

在适当的时候幽默地拒绝别人需要相当的功力。钱钟书先生的机智与幽默，不但没让那位英国女士感到难堪，还让自己摆脱了烦恼。

一个具有心领导力的人会在意他人的感受，为对方着想，恰到好处地运用幽默的智慧。著名剧作家萧伯纳曾经这样说："没有幽默感的语言是篇公文，没有幽默感的人是尊雕像，没有幽默感的家庭是间旅店，而没有幽默感的社会是不可想象的。"

※心领导力法则※

索菲亚·格兰说："我相信幽默感也是魅力的一个组成部分。有了幽默感，人们可以在一种非常融洽的气氛中交流思想和看法。缺乏幽默感，生活会变得非常单调和枯燥。"一个具有心领导力的人懂得幽默价值千金，也正是幽默让他们充满阳光与活力，走到哪里都会受欢迎。

爱他人也是爱自己

若能爱人如爱己，便是自在好人间。一个具有心领导力的人除了懂得自爱，倾听内心的声音，还应当有爱他人的能力。我们作为社会人需要他人相伴，没有人喜欢孤孤单单过一生。而一个懂得关爱他人的人一定不会孤单，人生旅途中会有许多朋友相伴而行。

从另一个角度来说，爱他人也是社会责任感的体现。不是有句话叫"达则兼济天下"吗？一个能把自己生活过好的人也能肩负起爱他人的重任，而一个具有社会责任感、懂得爱他人的人又会因为其能力的突出而受到他人的爱戴。蔡元培先生是著名的教育家，他对学生的爱可以说很好地体现了"爱人"的优秀品质。

蔡元培先生一生经历丰富，早年曾考中清朝的进士，进入翰林院，后感知中国的落后又投身革命，加入同盟会。蔡元培先生自然是个有能力的人，然而他"心有猛虎，细嗅蔷薇"，对学生极其爱护。

五四运动爆发后，北京大学学生放下书本，走上街头抗议政府的无耻行径。学生有爱国之情固然是好事，但见惯了政治斗争的蔡元培先生很为学生的安全忧心，因此作为校长的他，极力反对学生参加政治运动。劝阻无效后，蔡元培先生只得亲自挡在学校门口，企图阻止学生出校，却被愤怒的学生推倒在一旁。头发花白的蔡元培先生被自己关爱的学生们推搡，可谓心寒到了极点，但即便如此，在北洋政府当局逮捕了罢课学生后，他仍不计前嫌，亲自出面营救被捕学生，甚至不惜以辞职来抗争。

如今，很多人失去了爱他人的能力，更有甚者非但不能像爱自己一样爱别人，反而做出完全相反的行为。一些人用恶毒的心揣度别人，用恶劣的态度呵斥别人，这样只会让他们日后为自己的行为后悔。

海芳是一名年轻的女白领，刚刚跟男朋友分手，心情差到了极点。分手后，她搬到一个陌生的小区。搬家时，她特意留心了一下新邻居，发现隔壁住了一个寡妇和两个小孩，看上去十分贫穷。海芳对邻居没什么好感，平日里也不打招呼。

一天晚上，小区停电了，海芳找遍了屋子找出半根蜡烛。过了一会儿，她听到外面有人敲门。

海芳打开房门一看，是隔壁邻居家的一个小男孩。小男孩紧张地问：“阿姨，请问你家有蜡烛吗？”

海芳鄙夷地想：“他们家竟穷到连蜡烛都没有吗？”她没好气地对男孩子吼了一声：“没有！”就要关上房门，小男孩微笑着对她说：“我就知道你家一定没有。”他从口袋里摸出两根蜡烛递给海芳，“我和妈妈怕你没有蜡烛，所以特意来给你送两根。”听了小男孩的话，海芳羞愧得无地自容。

一位哲人说：“世界上最大的悲剧或不幸就是一个人大言不惭地说没有人给我任何东西。”生活中不乏以恶意揣度别人的人，如果不思悔改一直这样下去的话，最终只会自食其果。

善待他人就是善待自己，送人玫瑰，手有余香。一个人若能像爱自己一样去爱别人，一定也会得到他人的爱。

我们应该像爱自己一样爱别人。给予别人爱，才会得到别人同等的爱。而被他人的爱滋润的人生，又怎么可能不幸福呢？

※心领导力法则※

波斯诗人萨迪说："你不同情跌倒的人的痛苦，在你遇难时也将没有朋友帮忙。"人与人之间需要互相温暖，我们付出爱给他人，也会得到来自他人同样的爱。具有心领导力的人从不吝惜自己的爱心，因为他们懂得：对他人的爱也是对自己的爱。

亲和力成就魅力无限

东风与北风打赌，看谁能把路人头顶的帽子摘下来。北风首先登场，它一上来就鼓足了劲儿用力吹，吹得路人瑟瑟发抖，然而，路人的帽子非但没有被吹掉，反而被路人紧紧地按在头上。北风只得灰溜溜地退场。这下，该东风大展身手了，东风没有像北风那样肆意狂吹，相反，它轻柔地吹拂着路人，路人感到非常温暖，于是就把帽子摘了下来。

东风与北风的故事不免引人深思：与冰冷的威慑力相比，亲和力更有力量。新东方教育集团创始人俞敏洪对自己的管理方法曾经如是评价："我比较像刘备，常常用眼泪来赚取其他管理者的同情，我不擅长用纪律来限制和管理人才。"比起用强权威慑来管理，他更倾向于用亲和力。

新东方刚创立的时候，俞敏洪就意识到改变培训学校以往的讲课模式是当务之急。在新东方创立前，培训学校的讲课模式和传统的学校课堂没什么两样，基本上是"填鸭式"的灌输。老师严格要求，学生勤学苦练，大家也习惯了这样的教学模式。然而到了俞敏洪这里，他发现传统的授课模式教学效果并不好，过于死板的教学还会招致学生的反感，于是他想到了改革。在新东方的课堂上，俞敏洪引入了亲和力，在教学中留意学生的反应，加入了互动元素。老师不再高高在上，而是主动做起了学生的朋友，并且经常在课上跟同学们插科打诨。

俞敏洪这一创举，活跃了新东方的课堂。同学们在课堂上很活跃，对知识吸收的效果也慢慢好了起来。新东方以引入亲和力为突破口，在行业内掀起了一场教学创新的浪潮。

人与人相处，说难也难，说简单也简单，归根到底是心与心的交流。刘震云写了一本书《一句顶一万句》，他在书中说两个人是否能一见如故成为朋友，关键在于"说得着"还是"说不着"。决定是否说得着的关键因素，就是那让人瞬间放弃防备之心的亲和力。亲和力无疑是拉近我们与对方关系最好的特质，如果对方能够感受到我们身上的亲和力，那么彼此之间的感情自然会慢慢深厚起来。

如何塑造亲和力呢？

关键在于提升对他人的容纳力，也就是能接受他人的能力。一个人越有胸怀，亲和力越强，其容纳力也就越强。

拿生活中常见的问题来说，假若一个有洁癖的人遇到一个不修边幅的人，那这个有洁癖的人心里不免反感。如果他忍不住把这种反感表现在脸上，那么他就不算是一个容纳力强的人。如果他虽然内心有些排斥和反感，却能坦然接受，甚至能跟不修边幅的人谈笑风生，那么他就可以称得上是个容纳力强的人。

容纳力强的人能在更大的程度上接受别人的不同，自然也会得到更多人的反馈。然而在如今的社会，人们的容纳力普遍不强，这也是大多数人缺乏亲和力的原因。

一位精神科医生说："如果大家都有容纳的雅量，那我们就失业了！精神治疗的真谛在于医生们能找出病人的优点，接受他们，也让病人自己接受自己……医生静静地听患者的心声，他们不会以令人反感的道德式的说教来批判任何人。所以，患者敢把自己的一切讲出来，包括他们感到羞耻的事。当他觉得有人能容纳或接受自己时，自己就会接受自己，也就有勇气迈向美好的人生大道。"

不论你有怎样的背景，都应当学会微笑着接受他人，而不是用自己的标准对别人横加干涉，更不能用狭隘的思想揣度他人。如果你有较强的包容度，并让对方感受到你的包容，那你便算是有了亲和力。

亲和力说到底是一种尊重。每个人都有选择自己生活的权利。接受对方独立的见解、行为模式、处事方法，就是对对方的尊重。在社交场合中，若我们能够给人营造出舒适的环境氛围，那么会为赢得丰厚的人脉打下坚实的基础。

网上流传过两张综艺节目的照片，是不同的电视台播放的同一类综艺节目。两档节目不约而同地请来了同一位患有侏儒症的男士，两档节目的主持人分别对他进行了访谈。

在第一张照片里，这位患有侏儒症的嘉宾坐在地板上，而主持人则坐在高高的凳子上，一脸自以为优越的表情。那位患有侏儒症的嘉宾不得不仰视主持人，照片给人的感觉非常不舒服。

第二张照片与第一张照片大相径庭。侏儒症嘉宾还是坐在地上，但主持人同样坐在地上，平视着嘉宾，脸上透着关切和专注，显然在仔细听嘉宾说话。嘉宾和主持人的表情都显得柔和轻松。

这两位主持人的主持水平高低暂且不论，仅从两人在节目中表现的素养来看，后者显然强于前者。无论侏儒症患者以怎样的面貌出现，我们都应该表现出足够的尊重。像第一位主持人那样，以一种高高在上的姿态俯视对方，这无疑是很不妥当的。相反，放下姿态，态度诚恳，让对方感到被尊重，那么彼此之间的关系在无形中就融洽了很多。这样，节目的录制效果也会好很多。

谁都希望自己人缘好，这也是我们重视心领导力的理由，而亲和力作为区分心领导力高下的一个重要因素，应当引起我们的重视。要知道，培养良好的亲和力不但容易让对方卸下心理戒备，也有益于自我修养的提升。一个有亲和力的人，对待人生的态度也一定会是积极乐观的。

※**心领导力法则**※

真诚的亲和力是一种强大的社交能力，当我们拥有这样的亲和力时，就会感到自己成了能量的中心，个人魅力会直线上升。

不同的成功，同样的敢做梦

"想飞上天和太阳肩并肩，世界等着我去改变，想做的梦从不怕别人看见，在这里我都能实现……"杨培安演唱的《我相信》曾经红遍大江南北。歌词透露出一个人奋发向上的激情和对梦想的执着追求。

很多人提过这样的问题：人为什么要有梦想？对于这个问题，答案也是因人而异。从激发自己内在能量的角度来说，梦想是让一个人焕发生机的重要因素。

生年不满百，若终其一生无所适从，那么来到世上这一遭有什么意义？不过是混吃等死罢了。梦想是激发一个人乘风破浪、战胜生活中大小困境的不灭的灯塔。

有梦的人生是美丽的。梦想的迷人之处在哪里？是披荆斩棘时对梦想的执着，是坚守信念时对梦想的追求，是夜以继日对梦想的激情，是刚强决断对梦想的行动。一个有梦想的人哪怕起点再低，资源再少，也有机会迎来化茧成蝶的辉煌时刻。

"只要你心中有理想、有志向，终将走向成功。你所要做的就是在这个过程中要有艰苦奋斗、忍受挫折和失败的能力，要不断地把自己的心胸扩大，才能够把事情做得更好。"俞敏洪如是说。

在一百多年前，有位贫穷的牧羊人，带着自己两个年幼的儿子，靠给人放羊勉强维持生计。

这天，牧羊人和两个儿子赶着羊群来到一个山坡上，正巧一群大雁鸣叫着从他们头顶飞过，并逐渐消失在远方。两个男孩望着自由自在的大雁，小儿子开口问父亲："它们要飞到哪儿去？"牧羊人慈祥地回答："它们要去一个温暖的地方，在那里安家，度过寒冷的冬天。"大儿子眼睛亮亮的，羡慕地说："要是我也能像大雁那样飞起来就好了。"小儿子也附和道："要是能做一只会飞的大雁该多好啊！"

这位父亲看着孩子们，缓缓地说："只要你们想，你们也能飞起来。我因为年纪大了才飞不起来，你们还小，只要不断努力，将来一定能飞起来，去想去的地方。"

父亲的话深深烙在两个男孩心里，贫穷没有熄灭孩子们的梦想之火，他们坚持不懈地努力着。二十多年转眼而过，就在哥哥三十六岁、弟弟三十二岁那年，他们果然飞起来了——他们发明了飞机，他们就是美国的莱特兄弟。

"人如果没有理想，和咸鱼有什么区别？"这是周星驰在电影《少林足球》里的一句经典台词。的确，连梦想都没有的人就好比是一颗坏掉的种子，即使把它埋进再肥沃的土壤里也不可能发芽。

为什么咸鱼会出现在人们的餐桌上？因为鱼类不好保鲜，想久存必须腌制。但腌制过的咸鱼不仅在口感上和新鲜的鱼差了一大截，而且营养也会流失不少。只要有吃到新鲜鱼肉的可能，几乎没有人会吃咸鱼。于是，"咸鱼"就成了那些身处绝境没有希望的人的代名词。

然而，万事没有绝对，咸鱼也并不是没有翻身的机会。在新加坡，一个平凡的小伙子发现咸鱼虽然不好吃，但用它做成的鱼丸却受到忙碌的上班族的广泛欢迎。于是，小伙子干脆以经营鱼丸生意为业，几年下来积攒了不少钱。

这时，有几个人看到小伙子做的鱼丸好卖，就与他合伙。小伙子负责鱼丸制作，其他人负责鱼丸的销售。一来二去，由于精诚地合作和对创业的热情，他们的生意越做越大。一天，小伙子看到一则消息，说日本生产出一种高产量的肉类绞磨机。他当即决定向银行贷款去日本购买肉类绞磨机。

"你是不是疯了？鱼丸这种东西手工就能做，根本没必要买那么贵的设备。"几个合伙人对小伙子的决定很是诧异。

"我们应该把目光放长远一些，鱼丸难道就不能卖出规模来吗？"小伙子据理力争道。

在当时的新加坡，一颗鱼丸的售价不过几毛钱，除去成本，净利润也就几分钱。为了购买设备，居然一下子花去几十万，几个合伙人都认为小伙子疯了。

"你要是坚持这么做，我们上有老下有小，可不能和你一起疯。"

几个合伙人见小伙子不听劝，便和他分道扬镳了。

几个月后，一台崭新的绞磨机从日本运到了新加坡。不久后，小伙子就再也没到街上卖过鱼丸，但是他的鱼丸却出现在新加坡大大小小的市场上。几年过去了，小伙子的鱼丸日产量居然高达10吨，尽管如此还是满足不了市场需求。

当年执着于购买鱼丸机器的小伙子就是今天新加坡鼎鼎有名的"鱼丸大王"林文才。在接受专访时，这位创业神话的缔造者说："其实，我只是在心里把鱼丸换了一个量词，鱼丸是一颗颗的，但在我的心里，它是用吨来计算和销售的。"

一颗小小的鱼丸，在强烈的梦想驱动下，成了让林文才人生出彩的"宝珠"。一个拥有梦想的人必然是浑身散发着独特魅力的人。因为梦想，世界成了他自由发挥的舞台；因为梦想，他浑身充满激情。

※**心领导力法则**※

英国诗人丁尼生说："梦想只要能持久，就能成为现实。我们不就是生活在梦想中的吗？"梦想是照亮前行之路的灯塔，是点燃前程的火把。一个有梦想并且敢于追寻的人终将成为一个事业有成的人。

燃烧吧，青春

许多从零开始并获得巨大成功的创业者在谈到创业的艰苦岁月时，纷纷感慨当年高涨的热情，连他们自己都讶异当年那种天不怕地不怕的豪情，但是毋庸置疑，当年激情燃烧的岁月为如今的成功打下了坚实的基础。

美国商业大亨劳伦斯开始创业的时候，把全部希望寄托在一台赊账得到的爆米花机上。"二战"结束后，各国商业开始回暖，稍有些积蓄的劳伦斯开始将目光投向地产生意。

劳伦斯做出这样的决定经过了缜密的市场调查，并且进行了深思熟虑，并不是在打无准备之仗。首先，战争刚刚结束，不少地皮在贱卖；其次，美国经济虽然在"二战"中大受影响，但毕竟美国是战胜国之一，加上美国有雄厚的经济基础，经济一定能慢慢复苏，此时不投资以后地皮就贵了；再者，经济复苏后城市必定要向郊区扩张，城郊的地皮一定会大涨。但是，劳伦斯的亲友们并不赞同他的观点，一致反对他的生意经。虽然劳伦斯的想法得不到支持，可他很有主见，顶着压力，满怀一腔热情，用做爆米花生意攒下来的全部积蓄，加上一部分贷款，在市郊买下了一大片低洼的闲置土地。

不到三年时间，劳伦斯买下的那片土地的价格大涨，不少商人纷纷登门求购。亲友们见之大喜，劳伦斯却依然保持着冷静的头脑，没有被眼前的利益所诱惑。他开始对那片闲置的土地进行开发，在土地上盖起了酒店。由于交通便利、周边风景优美，酒店的生意非常好。几年后，劳伦斯假日旅馆遍布世界各地。

那些为了成功、为了事业而热血沸腾的年轻人，哪一个不是对生活充满了激情？如果对自己的生活没有激情，又何谈创造力和进取心，而梦想更是镜花水月。青春是人一生中最美的年华，将如此美好的年华投入充满激情的拼搏岁月，等老去的那一天，收获的将是满满的金色回忆。

享誉世界的科学家牛顿对事业的激情让人印象深刻。牛顿发现了万有引力，提出了三大定律，这些荣耀足以让他享受一生。特别是在他所处的时代，没有人能在科学成就方面与之并驾齐驱。面对极大的成就，牛顿没有沾沾自喜，而是开始涉猎数学和植物学，试图在更多的领域摘取桂冠。强大的事业心，极大的成就，正是澎湃的激情燃烧而成的。

俗话说："天外有天，人外有人。"我们不能总是攀来比去，在患得患失的比较中耗尽青春，而要以昨天的自己为对手，不断战胜自我，超越自我。

当你对事业全情投入时，保持燃烧的激情意义重大。工作中，如果缺少自信和热情，对目标缺少强烈的渴求欲，就很难把自己的工作状态调整到最佳。相反，在事业上取得重大成就的人无一例外有着饱满的激情。

魏家福曾任中国远洋运输(集团)总公司总裁。在下属们眼中，魏总是个热情洋溢且自信满满的人，这从媒体对他的报道中可见一斑：他的眼神总是闪烁着光彩，说话的语调抑扬顿挫，让倾听者充满激情。"激情来自于自信！如果你对自己的决策都没信心，哪还敢有激情？诸葛亮唱空城计泰然自若，因为绝对自信！谁愿意跟驼着背哈着腰的人走？充满激情的领导就是旗帜！像打仗时的红旗一样，红旗在这里，前面的人倒下，后面的人还往前走！"在魏家福充满激情的指引下，中国远洋运输公司乘风破浪，屡创佳绩。

如果你正在为当下工作的单调而苦恼，为看不到前途而心烦意乱，那么你可以为当前的生活喊一下"暂停"，静下心来思考一下，为何会变成眼前这个样子？你是否还对将来有着美好的渴望？不如现在就把设想付诸行动，为美好的将来打下不悔的基础。

即使是正值青春的年轻人，如果缺乏对未来的美好期待，做起事来也会畏畏缩缩，

激情的来源

136

怯怯懦懦。只有那些对未来激情澎湃的人，才会洋溢着热情的感染力，才敢于决断，又充满力量。因此，要充满激情，珍惜当下奋斗的每一天，享受激情澎湃的青春岁月。

※**心领导力法则**※

泰戈尔说："激情，是鼓满船帆的风。风有时会把船帆吹断。但没有风，帆船就不能航行。"青春岁月之所以令人铭记在心，正是由于它那敢于和命运一争高下的激情。人没有激情就像行尸走肉，具有心领导力的人必是充满激情的人。

第九章

宽心——心放宽了，事就顺了

　　羁绊内心的东西越多，受到生活的束缚就越多。我们常常感到诸事不顺，然而很多时候不是事的原因，而是我们的内心出现了问题。心领导力可以帮你将心从束缚中解脱出来，心一旦摆脱了束缚，事就会慢慢顺起来。

幸福在比较中渐行渐远

人们常说物质生活水平提高了，幸福感却无声无息地和人们渐行渐远。常常有人发问："什么是幸福？何处才能找到幸福？"

对于这个问题，有人会不假思索地回答"有钱便是幸福"，另一些人会说"有权便是幸福"。然而，作为有独立思考能力又有这么多年生活经验的你，是否问过自己，拥有了上述这些就一定会幸福吗？是不是一定要通过和别人比较，发现自己占了上风才是幸福？而这是你真正想要的吗？

事实上，平淡的生活未尝不是一种幸福。幸福是种冷暖自知的感受，真正的幸福不需要与他人作比较。有着丰满内心的人即便是个流浪汉，也能拥有幸福感。

一位女孩在网上发帖求助："现在的我幸福吗？"引来了广大网友的热议。这位女孩有个这样的男朋友：会做家务，会照顾人，工作待遇不错，而且有上进心。两个人从大学开始相恋至今，感情稳定。去年两人选了一个环境不错的小区贷款买了一套房，计划今年买一辆车。

女孩发帖说："我知道在不少人看来，我应该很幸福。但是，如果你身边的女性朋友，外貌、家境、学历等各方面条件都不如你，却找了个很有钱的老公，平心而论你是不是会眼红？"女孩感到心里不平衡，开始有了许多担心。她害怕两个外地人在大城市生活不好，害怕自己肩上越来越沉重的压力，还幽怨地想为什么那个女孩子各方面都比自己差，却不用像自己一样还房贷？她甚至开始怀疑自己找错了男人。

内心积压了很久的怨气终于爆发了。一天晚上，这个女孩对男友发泄了压抑已久的怨气。"很多条件不如我的女孩子，都找到了有车有房有钱的，我呢？"女孩嗔怪地对男友说。男友听了很不是滋味，说："以后你这种话不要对我讲，你说那些条件不如你的怎么怎么样，就是说我不如别人呗，你想想我的感受好不好？"最终，两个人大吵一架，不欢而散。

女孩为什么会对自己平静安逸的生活产生质疑？为什么对到手的幸福产生怀疑？问题的根源在于，她把自己的幸福建立在别人的眼里，并且将幸福过分物质化了。以物质计较物质，当自认为拥有的不如别人多的时候，便开始对自己的生活产生怀疑。

如果你不希望亲手毁掉自己的幸福，就请不要总把自己的幸福和别人的相比，要知道，幸福是没有可比性的。

20世纪80年代，来自中国的一本薄薄的语录集《菜根谭》在日本引起轰动，并畅销至今。日本很多企业家、政治家和学者把它奉为至宝，像佛教徒一样虔诚地遵照书里的教导为人处世。

《菜根谭》受到日本各界的追捧绝非偶然，随着战后经济的飞速发展，日本国民的物质生活水平越来越高。然而，物质生活的进步与国民幸福指数并不成正比，越来越多的人在繁荣的社会中迷失了自我，找不到生活的意义。

迫于这种情况，日本一些有识之士开始提倡让心灵返璞归真的运动。他们认为，想要生活得充实就要修剪内心的私心杂念，放弃那些纷繁冗杂令人眼花缭乱的物质生活，简单、朴实、平淡才是生活的真谛。

日本人为什么要提倡返璞归真呢？因为生活的现状让他们意识到幸福是不能比较的。俗话说一山更比一山高，一刻不停地奔跑会让人没有时间修身养性。永不停止的脚步让人们自顾不暇，忽略了原本就在身边的幸福。有意思的是，许多质疑自己幸福的人其实已经是他人羡慕的对象了，他们却不满足地把幸福量化，把生活物质化，总是对自己的幸福吹毛求疵。忙碌、比较、抱怨形成了一个恶性循环，最终只收到一个结果：从来没有幸福过。

追求幸福，又一辈子得不到幸福，这样的人生有什么意思呢？

林语堂在《吾国与吾民》中，有这样发人深省的话："然无论如何，倘把中国人和西洋人分门别类，一阶级归一阶级，处于同一环境下，则中国人或许总是比西洋人来得知足，那是不错的。此种愉快而知足的精神流露于智识阶级，也流露于非智识阶级，因为这是中国传统思想的渗透结果。"知足本是为人称道的美德，然而随着物质生活的丰富，生活节奏的不断加快，知足常乐的传统美德渐渐消失了。少数懂得知足的人时时刻刻都能感到快乐，他们知道幸福是不能用来比较的。所以，拥有一颗知足的心，才能获得长久的喜悦和安宁。

"北大毕业生长安卖猪肉"事件曾经一石激起千层浪，引发网民热烈讨论。有人说高材生卖猪肉是高校优质资源的浪费，应该让高学历人群引以为戒；也有人说选择怎样的职业，过怎样的生活，完全是个人的自由，他人无权干涉；还有人说卖猪肉的北大学生是

"中国式教育"荼毒的恶果。众说纷纭，莫衷一是。

两年后，记者再次找到了那名卖猪肉的北大学子，忠实记录下了他的生活变化。"今年投资比较多，年初买了两套房子，上个月新开了一家'眼镜肉店'，离现在的店铺两公里远。"满腹经纶的店长抽空接受了记者的采访，不卑不亢地介绍着他的生活现状。他的每一天都安排得满满当当，两家"眼镜肉店"生意兴隆。另外，他在西安长安区档案局还有一份地方志编修方面的工作。从早上五点半到晚上七点半，每天十四小时的工作紧张有序。

从他的话语中可以看出，他很满意现在的生活。他对未来充满希望，笑着说："能活到今天，主要是心态好，比上不足比下有余嘛。到了我这个年龄，经历了这么多事，遇事想得开，也比较容易知足。"

这名"天之骄子"并没有和其他应届毕业生一样，趋之若鹜地冲向国企外企，或者"千军万马过独木桥"地参加公考。他朝着适合自己的方向前进，深知自己的幸福并不是靠与他人比较来量化的，比别人更明白知足常乐的道理。

的确，当下社会比较浮躁，生活中的烦扰无孔不入，幸福说起来简单，却来之不易。然而，正是在这样喧嚣的大环境中，我们更要懂得调整内心，唤醒自己那颗知足常乐的心灵。

※**心领导力法则**※

一位蜚声文坛的作家说："在嫉妒心重的人看来，没有比他人的不幸更能令他快乐，亦没有他人的幸福更能令他不安。"拥有心领导力的人知道，幸福冷暖自知，无从对比，平安、喜乐千金难买。

欣赏别人，而不是挑剔

欣赏别人，表现为从内心深处对他人的优点由衷地赞叹，并在口头上对他人的长处褒奖。懂得欣赏别人的人有着宽广的胸怀，也有着值得尊敬的心境。

俞敏洪是新东方的创始人，作为从北大英语系毕业的一员，他深深影响了一批北大学子。俞敏洪能取得如今的成功，很大一部分原因在于他懂得欣赏人，与优秀的人达成良好的合作关系。众所周知，新东方的创建与繁荣如果仅靠俞敏洪一人之力是远远不够的。王强与包凡一是俞敏洪的大学同学，被俞敏洪从美国请了回来，一同经营新东方。

一个人一旦拥有了善于发现他人长处的眼睛，就会觉得人人都有优点，都有值得学习的地方。俞敏洪在公司的经营中，懂得利用他人优点来弥补自己的不足，从而使得新东方逐渐壮大。人的一生都应不断吸收别人的优点来弥补自己的不足。如果一个人骄横跋扈，自我感觉良好，看不到别人的优点，不欣赏别人的长处，可能暂时一帆风顺，但终究将一败涂地。

西楚霸王项羽就是个不懂欣赏他人的人。他因战功赫赫而骄傲，认为自己是天下贵胄，理应当君王，很是看不上那些和自己一起奋战的部下。刘邦则不一样，他虽然在个人能力和文化修养方面没有项羽高，但他的"杀手锏"是惜才、识才。他把张良、韩信等人招到麾下，得到了名臣良将的帮助。项羽的自高自傲，逼走了很多旧部，最终落得个乌江自刎的下场。

如果不懂得欣赏别人，就容易在事业方面失去助力。古人云：

"得道者多助，失道者寡助。"我们若能多看到别人好的一面，多结善缘，自然会得到别人的帮助。

不管欣赏朋友还是对手，只要取长补短便会有所收获，因此，我们要勇于欣赏别人，完善自己。

对别人的挑剔是为人处世的一大忌。当你和陌生人或者不太熟悉的人相处时，不要总是把眼光盯在别人的缺点上，肆意评价对方的不足。

经常挑剔别人的人常常带着负能量，他们总是用一种负面的眼光看待世界，在不知不觉中扭曲了对自己的认知，接受了自己一无是处的暗示，从而使自己逐渐落入被动的境地。同时，一个人对别人的挑剔也预示着对生活的不满，因为不满意现在的自己，连带着对所见到的一切都充满怨恨和不满。

有句话说得好："你要寻找什么，就会找到什么！"一个人的世界是什么样子，完全取决于这个人以什么样的眼光看待世界。如果抱着欣赏的眼光去看待他人，那么就会在他人身上发现许多值得自己学习的优点。谁都不是十全十美的，有长处也有短处。只有正视自己的短处，看到并学习他人的长处，才能提高自己，广交朋友。

既不要妄自菲薄，也不要恃才傲物，这两个极端只会使人沦于平庸，一事无成。当你学会用尊重、欣赏的眼光看待别人时，别人也会觉得你有涵养有胸怀，也会以同样的目光欣赏你。

※**心领导力法则**※

艾默生说："我所遇见的每一个人，或多或少都是我的老师，因为我从他们身上学到了东西。"一个人若能够欣赏他人，就能从他人身上汲取优点，而汲取的营养越多，这个人就越强大，获得他人欣赏的机会也就越多。

守得住阳光，到哪里都是春天

人生总是有晴有雨。在面对艰难困苦时，我们应当保持怎样的心态呢？不同性格的人会做出不同的选择。一个人的心领导力也就在这个时候分出高下了。

缺乏心领导力的人在挫折和失败袭来时，常常会"破罐子破摔"地消极倦怠下去。相反，拥有心领导力的人总能及时调整心态，用最乐观、最积极向上的心态把困境当作一次考验，用激情照亮眼前的黑暗，用微笑面对不幸，对未来充满期待。上天常常眷顾这样的人，他们往往事业顺利，婚姻幸福，家庭美满。

心里有太阳的人，走到哪里都是春天。

马丁·塞利格曼是美国一位著名的心理学家。他经过长期研究与跟踪调查得出：乐观能够让人对生活中的坎坷形成免疫力；乐观使人更健康，疾病减少；乐观的人比一般人拥有更好的人缘；乐观的人更容易获得家庭的幸福、事业的成功。

一只老猫整天愁眉不展，担心自己会老去。一想到终有一天自己会死，老猫就止不住唉声叹气，觉得自己特别不幸，生活没有一丝快乐。一天，它看到一只小猫一边原地转圈一边咬着自己的尾巴，就这样玩了很久都不腻。老猫问小猫："你为什么这么快乐？"小猫歪着头说："因为我的尾巴上有快乐呀。"听小猫这么一说，老猫若有所思，突然发现快乐原来如此简单。

花园里有鲜花，也有荆棘。若怀着乐观的态度看，你一定会在荆棘丛中一眼看到盛放的鲜花；若怀着悲观的态度看，你看到的将是满眼的刺痛，觉得生活处处在跟自己作对。其实，只要敞开心扉，转变观念，所谓的失败和痛苦根本算不得什么，即便山重水复，也会柳暗花明。

不少人认为鲁迅先生是个冷静严肃的悲观主义者，对世道人心的复杂感到失望，对国民的麻木不仁感到痛心，甚至对人生都有"铁屋"的绝望思想。其实，事实并非如此，鲁迅先生的内心是乐观的，他对国民"哀其不幸，怒其不争"的描写正体现了对民众深沉的大爱。

孔乙己是鲁迅先生小说里一个典型的悲剧角色，他是被封建科举制度荼毒至深的小人物。在当时的社会环境下，受害的不只是孔乙己这样的儒生，普通民众也深受摧残。他们的思想麻木不仁，同情心普遍缺失。鲁迅先生煞费苦心地撕开这一病症，旨在疗救民众的心理。正因为对黑暗的"铁屋子"抱着毁坏的希望，所以他的内心深处是充满期望的。

鲁迅先生没有在无尽黑暗面前退缩，而是怀揣梦想，用笔杆子唤醒麻木民众的反抗意识。如果是一个绝望的悲观者，怎会终其一生用文字来战斗？

正如鲁迅先生文中所写："我不是要战胜黑暗，而是要和黑暗捣乱。"因为在他看来，黑暗和虚无虽然势力强大，但终究是黑暗和虚无，我们总是可以战胜它的。一无所有意味着没有光明，同样也意味着无死地，只要我们可以乐观一点，哪怕这无尽的黑夜只有一支火光微弱的蜡烛，也可以驱散黑暗。

然而，如今的人们总是为了一些鸡毛蒜皮、芝麻绿豆的小事整天愁眉苦脸、唉声叹气。世界这么大，为何不放眼远眺？芸芸众生，有多少人在贫穷、病苦中仍旧顽强不屈，笑对人生？歌手周杰伦在《稻香》中这样唱道："对这个世界如果你有太多的抱怨，跌倒了就不敢继续往前走，为什么人要这么的脆弱堕落？请你打开电视看看多少人为生命在努力勇敢地走下去，我们是不是该知足？珍惜一切就算没有拥有。"

当你用光明的心态面对一切时，幸福快乐就会随之而来。

※心领导力法则※

罗曼·罗兰说："一个人如能让自己经常维持孩子一样纯洁的心灵，用乐观的心情做事，用善良的心肠待人，光明坦白，他的人生一定比别人快乐得多。"乐观与悲观是对待生活的两种态度，悲观者的内心世界必定晦暗阴霾，乐观者的内心世界必然华美精彩。两种选择，两样人生。

能找到理由悲伤，就一定能找到理由快乐

人生就像一部情节跌宕起伏的小说，免不了遭受这样或那样的挫折，所以心态很重要。心态在大脑中充当控制塔的角色，一个人的心态决定着他的人际关系和生活质量。那么，面对生活的千变万化，我们应该选择怎样的心态呢？

著名导演冯小刚说："生活首先要让自己过得快乐。"大道至简，比起功名利禄，快乐才是生活的真谛。如果你能找到理由悲伤，那么就一定能找到理由快乐。

静下心倾听周围人对这个世界的看法，你会惊讶地发现，很多人认为人生就是一次悲伤且无可奈何的苦旅。因为他们过往的经历和经验让他们用一种消极的态度对待生活。比如，他们在报刊上看见有人犯罪，便推而广之说这个社会道德沦丧，人心丑恶；他们亲身经历或者看到亲友上当受骗，就说每个人都是利益至上、恬不知

耻之徒。在以偏概全思想的驱使下，这些人认为自己身边到处充满了危险、丑陋与欺骗，感到自身难保。眺望窗外，这个阳光普照的世界真的如同他们所想的那样吗？

　　动不动就对生活丧失信心的人，是没有心领导力的人。缺乏心领导力的人见不得失败，走不出逆境。他们在挑战面前畏畏缩缩，赢不得又输不起，见到恃强凌弱没有抵抗的勇气，只能在他们认为可怖的现实面前缴械投降。他们没注意到的是，谁都有可能遭遇不幸，难道遭遇不幸就一定无药可救？答案当然是否定的。那味"药"，其实就是一颗敢于快乐的心。

　　快乐是需要勇气的。如果你能时刻保持快乐的心态，即便身处逆境，依然能发掘内心强大的能量。如果在困难面前败给逆境，一味消极怠慢、垂头丧气的话，那些看似无可撼动的困难只会变得更加不可撼动。

　　一位老奶奶有两个女儿，都远嫁他乡。两个女儿的生活虽然不算富裕，也算小康之家。可是，这位老奶奶并没有因此而开心，不管晴天还是雨天，她总是坐在门口愁眉苦脸，对着天空唉声叹气。

　　邻居们看到老奶奶这个样子，非常不解，便问她："老人家，你现在过着衣食无忧的生活，两个女儿隔段时间就来看你，你完全可以快快乐乐地安享晚年，为何总是坐在门口唉声叹气呢？"

　　老奶奶皱着眉头，惆怅地说："我的两个女儿分别嫁给了两个小生意人，一个是卖伞的，一个是卖布鞋的。不管晴天还是雨天，我都在担惊受怕。晴天的时候，我担心卖伞的女儿没有生意；到了雨天，我又担心另一个女儿的布鞋卖不出去。你说我怎么能不发愁呢？"

　　生活中有不少像这位老奶奶一样的人，他们总认为眼前的生活不合心意。即使在外界看来，他们已经过着非常好的生活，他们仍然每天愁眉苦脸的，一点儿风吹草动都能成为悲伤的理由。

林语堂先生曾经说："让我和草木为友，和土壤相亲，我便已觉得心满意足。我的灵魂很舒服地在泥土里蠕动，觉得很快乐。当一个人悠闲地陶醉于土地上时，他的心灵似乎那么轻松，好像是在天堂一般。"在林语堂先生看来，既然来到这世上，就要乐观地面对人生。即使在这条漫长的旅途中遇到些风雨，即使有再多悲伤的理由，都不必太过悲观。能够安好地在世上生存便已经是上天给我们最大的快乐了，何必因悲伤难过，而错失美好快乐的生活呢？

千万不要为不值得的理由放弃美好的生活。有人说："快乐是一天，悲伤也是一天，为什么不快乐地过一天呢？"既然你那么容易找到悲伤的理由，不妨转变一下思维，你也一定能找到快乐的理由。

一艘轮船在海上平稳航行，目的地是法国，不巧的是，在半路上突然遇到风暴。轮船在海面上东摇西晃，船上所有人的性命危在旦夕。这时，有的人号啕大哭，有的人惊声尖叫，有的人则默默流泪，整个船上陷入一片混乱中，几乎所有人都被笼罩在死亡的阴霾中。只有一位年纪近百的老婆婆在镇定自若地祷告着，她的眼神平静而安详，没有丝毫恐惧，甚至还闪现着温柔的光辉。幸运的是，船上的人们在经历命悬一线的时刻后，有惊无险。风浪渐渐平息，轮船安然驶入法国港口。

船上的人上岸后，纷纷好奇地向那位在风浪中镇定自若的老人问道："为什么您一点儿也不害怕呢？"

老人慈祥地笑着说："我有两个女儿，大女儿身患疾病先于我离开了，而小女儿就住在法国。刚才我向上帝祷告——如果我下一步要去天堂，希望上帝保佑我见到大女儿；如果上帝认为现在还不是我离开人世的时候，希望上帝保佑我见到我的小女儿。反正无论是生是死，我都可以见到心爱的女儿。你们说，我还有什么好怕的呢？"

仔细品味一下我们的人生，原来快乐从来没有远离。

※心领导力法则※

理查德·瓦格纳说："快乐不在于事情，而在于我们自己。"同一件事，有的人哀伤，有的人愉快，让我们开心和难过的不是事件本身，而是我们的心境。至于是和悲伤者看齐还是向快乐者请教，你的内心应该有答案了吧！

低谷中的你，每一步都是向上的

当你觉得生活困苦不堪，觉得正在经历人生中最黑暗的日子时，你要一遍一遍地告诉自己："我已经处在人生最低谷了，接下来的每一步都是向上的。"

伊索寓言有一篇中讲，有三只青蛙分别掉进了三个装有半桶鲜奶的桶中，然而它们的命运却截然不同。

第一只青蛙哀伤地说："这就是命运。"认命的它待在桶里一动不动，绝望地等待着命运的安排。

第二只青蛙尝试着跳了几下，都以失败告终。它懊恼又悲愤地想："看来再努力也没有用，只能等死了。"于是这只青蛙一气之下屏住呼吸自杀了。

第三只青蛙同样尝试过几次失败的跳跃，但它发现虽然一时半会儿跳不出去，但是距离桶边已经越来越近了，于是它不停地拼命往上跳。慢慢地，鲜奶在青蛙不停地游动、搅拌下变成了奶油，奶油逐渐凝固，变得越来越硬。青蛙最后终于借助奶油跳出了木桶，得以生还。

如果将寓言里身陷奶桶中的青蛙比作陷入低谷中的人的话，其中的道理不言而喻。面对同样的困难和挫折，轻言放弃、屈从于命运的人只能任凭自己身陷绝境；而拥有心领导力的人会跟第三只青蛙一样，不管困难如何张牙舞爪，都会奋勇向前。

有位家境贫困的农民，十几岁便被迫辍学，帮父母耕种二亩薄田。他18岁的时候，父亲去世，家庭的重担全部落在了他稚嫩的肩膀上。他不仅要照顾体弱多病的母亲，还要挣钱供年幼的弟弟上学。

后来，这个村子的农田承包到户。这个小伙子突发奇想，将自家的一块水田挖成池塘，打算在池塘中养鱼。可是，村干部对他说，这块水田不允许养鱼，只能种庄稼。小伙子无奈，只好又将水塘填平。村子不大，他的事迹很快就传开了。村里的人们都嘲笑他，觉得他是个想发财想疯了的笨蛋。

日子悄悄流逝。小伙子又听说养鸡能赚钱，便向亲朋好友东挪西借，凑了300元钱，在自家的后院养起了鸡。然而，上天好像有意在刁难他，一场暴雨过后，他养的鸡竟然患上了鸡瘟，不到10天时间，鸡就全部病死了。在当时，300块钱对于一个只靠几亩"望天收"生活的家庭来说，可以说是一笔巨款。他的母亲因为受不了这样的打击，加上身体本来就不好，忧劳成疾离开了人世。

后来，小伙子为了生计又进行了许多尝试。他酿过酒，捕过鱼，还在悬崖上开过矿……可是一次也没有成功。直到36岁，小伙子依旧是独身一人，连村里离异的女人都看不上他。

尽管命运如此多舛，这个顽强的小伙子始终没有放弃。这一次，他借钱买了一辆二手拖拉机，可没过几天，意外就发生了：失控的拖拉机冲进了河里。这次事故让他失去一条腿，成了一个瘸子，而那辆借钱买来的拖拉机也摔得支离破碎。几乎所有人都觉得小伙子这辈子算完了。

没想到多年后，这个厄运连连的小伙子竟然成为了一位身价过亿的老总。在媒体的宣传报道下，人们知道了这位农民出身的老总所承受的苦难和富有传奇色彩的经历。有记者曾问他："在您人生中最灰暗最艰苦的那段日子里，您是靠什么力量支撑着，一次又一次地坚持下来的？"

老总坐在宽大舒适的老板椅上，一口气喝完杯中的茶水，将杯子握在手里，对提问的记者说："假若我松开手，会怎样呢？"

"杯子一定会摔碎啊！"

"那我们就试试看吧。"

在记者吃惊的目光中他松开了手，只见杯子直挺挺地掉在地上，却没有丝毫裂纹。他说："就算我再问十个人，他们也都会觉得杯子会摔碎。然而，这不是普通的杯子，它是用玻璃钢做的。"

这位农民老总最初的境遇很悲惨，但是他靠自己强大的意志力扭转了命运。面临痛彻心扉的苦难，他心中的火炬依然熊熊燃烧，指引着他坚强地走过每一个低谷。他的意志就像手中的杯子，当所有人都认为它会轻易破碎的时候，它却在磨难中浴火重生。

失败，在所难免。有些人经历过失败后能够坚强地站起来，排除万难迎来最终的胜利；也有些人一遇到困难便开始退缩，甚至从此一蹶不振。其实，无论遇到怎样的困难都不可怕，可怕的是失去奋发向上的动力。

当你身处低谷的时候，迈出的每一步都是向上的，一步一步越走越高，如此坚持，顶峰还会远吗？

※**心领导力法则**※

诗人雪莱说："冬天已经到来，春天还会远吗？"身于逆境中的我们其实更有乐观处世的理由，因为哪怕向前迈一小步，都是在进步。处在人生的低谷，所走的每一步都是向上的，还有什么境况让你绝望吗？

不快乐是加在自己身上的锁

崭新的一天来临，你是否仍然重复着漫无目的的忙碌？当太阳升起，听着窗外鸟鸣嘤嘤，看着花丛中越发娇艳的牵牛花，你是否感觉到了这一天的新意？或是发现自己已经陷入了某个不快乐的循环当中？又或者说，周围的许多人都给自己戴上了无形的枷锁？

为什么会陷入这样的困境，为什么人们脸上没有了笑容？原因很简单，因为人们沉浸在不快乐的情绪中太久了。如果一个人不懂得解放自己的内心，那么即使眼前再大的快乐，这个人也丝毫感觉不到，当然也就体验不到幸福了。

有位烦恼的少年在山脚下徘徊，猛然间抬头，看见一个牧童骑在牛背上吹着长笛。少年走过去问："你看起来好快活啊，能告诉我怎样才能和你一样快乐吗？"

"想要快乐很简单啊，只要你像我一样骑在牛背上，吹一吹笛子，就什么烦恼都没有啦。"牧童欢快地说。

少年按照牧童的建议，骑在牛背上吹了几下笛子，却依然感受不到快乐。于是，少年继续向前走，看到一位老翁在柳树下垂钓，一副自得其乐的样子。他走上前问："老伯，您在这里钓鱼非常开心，能告诉我您是怎么做到的吗？"

老翁捋着胡子说："这个不难。你和我一起钓鱼吧，静静地坐一会儿就会感到快乐了。"

少年半信半疑地坐下来和老翁钓鱼。半个时辰过去了，一个时辰过去了，少年非但没有感到快乐，反而更加烦躁了。

少年继续去寻找快乐的秘诀。不久，他看到两位在路边下棋的老人，于是走过去询问快乐的方法。其中一位老人一边落子，一边说："孩子，你继续向前走，前面有座方寸山，山上有个灵台洞，那里有位智慧老人，他会告诉你如何获得快乐。"

少年谢过下棋的老人，继续向前走，到了方寸山的灵台洞，里面果然坐着一位须发皆白的老者。他说明了自己的来意。老者微笑着看了看他，说："既然你是来寻找快乐的，那现在你来回答我一个问题吧。"

少年点点头。

老者问："有谁将你捆住了吗？"

"没有。"少年先是一愣，随即如实地答道。

"既然没有人捆住你，没有人给你增加烦心事，何来寻找快乐？"老者说完，大笑而去。

少年思考良久，恍然大悟："是啊，没人捆住我，没人能够令我不快乐，我又何必自寻烦恼呢？原来快乐就在心里啊！"

生活中，有些人看到月缺花残也会悲悲切切。朱自清先生在名篇《匆匆》中已告诉世人，即使燕子去了，杨柳枯了，桃花谢了，我们都不要应景地为其感伤，那样我们会将自己的快乐束缚起来。快乐其实并没有藏起来，也没有被人偷走，只是让我们禁锢起来了。

夏日的傍晚，一位美丽的少妇企图跳河自尽，幸而被划船的艄公救起。艄公关切地问："你年纪轻轻，为何要自寻短见呢？"少妇眼泪涟涟地说："我结婚不到一年，狠心的丈夫就抛弃了我，活着还有什么意思？"

"那我倒是要问问你了，在你没有嫁给你丈夫的时候，你过得幸福吗？"

少妇回忆起出嫁前的时光，眼神里有了一抹亮色，她微微绽开了笑容说道："那时的我自由自在，无忧无虑，没有比当时更快活的时光了。"

"既然你在结婚前过得那么快乐，那你现在不过是回到了从前，又可以过自由自在、无忧无虑的生活了，有什么要寻死的理由呢？"

听了艄公的话，少妇破涕为笑："是啊！我不过是回到了从前，何必这样想不开，我刚才真是糊涂了。"

在这个世界上，几乎每个人都有过犯错的经历，这并不可怕，可怕的是错误发生后采取了错误的态度去看待。事情做错还有弥补的机会，如果内心的轨迹出了错，就会一次又一次地错下去，这样岂不是离快乐越来越远了？

提高自己的心领导力，不要把自己紧紧束缚住。只有放飞心灵，生活才能充满阳光。

※心领导力法则※

果戈理说："快乐是精神和肉体的朝气，是希望和信念，是对自己的现在和未来的信心，是一切都该如此进行的信心。"总是无缘无故生闷气的人，本来生动活泼的生命也将变得毫无灵气。

笑容是战胜一切的武器

面对劳碌繁忙的世界，人们都在思考怎么做才能抵御繁重的压力，怎样才能积极应对挫折。美国著名作家威尔科克斯用优美的语言解释了这一切："当生活像一首歌那样轻快流畅时，笑颜常开乃易事，而在一切事情都不妙时仍能微笑的人才活得有价值。"

可见，笑容是战胜一切困难的必备武器。

漫漫人生路，别忘了微笑以对，踏歌而行。

当一个人养成了开怀大笑的习惯，爽朗的笑声也就成为这个人的标志。放声大笑不仅能使你和周围人相处的气氛更加融洽和谐，赢得更多的朋友，而且有益于身心健康。当你面临困境，只要会心一笑，也许接下来的一切问题都能轻松解决。

一个名叫诺曼·科森斯的人不幸患上了一种罕见的疾病，在当时，患此病的人只能在病痛的折磨中等待死亡的降临。当医生把这个不幸的消息告诉科森斯后，他索性出了院，住进了一家宾馆，并且租了所有能租到的喜剧片，一边大嚼零食，一边哈哈大笑。他一遍又一遍地观看这些喜剧电影，把所有的忧伤悉数抛到脑后。

就这样，科森斯度过了无忧无虑的六个月。当他再次去医院检查时，医生惊奇地发现身患不治之症的科森斯居然痊愈了，所有病症彻底消失！科森斯喜极而泣。他回忆良久，认为可能是六个月来放肆大笑的结果。于是，他根据自己患病的经历，写成了《笑退病魔》一书。该书一经出版，立即引起了医学界关于内啡肽的研究。

基于专家学者们对笑声的神奇作用的研究，一家试点医院专门开辟出一间特殊病房。里面放满了笑话书、喜剧电影等，而且不定时还会有喜剧演员和小丑现场表演。患者每天来这里接受半小时至一小时的笑声治疗。笑声治疗效果相当惊人，患者们的身体状况有了显著好转，每位病人的住院时间都明显短于该类病症接受普通治疗的患者的住院时间。

随着"笑声房间"的设立，医院里止痛药剂的用量大大减少。病人们对疼痛的忍耐度有所提升，因为疼痛而不配合治疗的情况减少了。如今，医学界非常重视大笑对疾病的预防和控制作用。

当然，欢笑的作用不仅体现在治愈疾病的神奇疗效。当一个人面对困难的时候，笑容也常给人带来温暖与感动。

张先生是个单身上班族，每天下班都要光顾附近的小吃店。前不久，一位四十多岁的中年男子在他家楼下开了一家小吃摊，经营煎饼、馒头、稀饭等小吃。从那时起，张先生的早餐就有了着落，他成了那个小吃摊的常客。和摊主接触多了，张先生发现摊主虽然看起来十分疲惫，但微笑一直挂在脸上，让人感觉温暖又平和。

后来，张先生听说摊主的妻子去年出了车祸，直到现在还卧床不起，摊主的儿子刚考上高中，需要花钱的地方很多。更不幸的是，摊主今年下岗了，使本已经贫困的家庭雪上加霜。无奈之下，他只好出来摆小吃摊养活一家人。

张先生总去那儿吃饭，时间久了，便与摊主成了好朋友。一天晚上，张先生下班拖着疲惫的身子从小摊前经过。这时，摊主叫住了张先生，微笑着对他说："今天我搬东西的板车坏了，你可不可以帮我搬点儿东西回家？"张先生自然答应下来。

随后，两人搬着东西向摊主家走去。摊主的家非常狭小，而迎接他们两人的是面带温暖笑容的摊主妻子。他的妻子躺在床上，尽力探着身子微笑着看着张先生，那微笑和摊主的微笑是那么的像，温暖又平和。在那张微笑的脸上，根本没有长时间卧床和生活贫困带来的烦躁、孤僻和茫然。她的脸色尽管苍白，但只要微笑起来，就让人好像看见了阳光灿烂的春天，简陋狭小的房间也顿时暖洋洋的。

摊主坐到妻子身边，轻声询问她的身体状况。妻子抬手抚摸着丈夫的脸，没有回答问题，反而问丈夫累不累，声音轻柔悦耳，笑容恬淡安然。两个人似乎完全忽视了张先生的存在。

张先生很受感动，脑海中一直闪现着他们的笑容。那微笑透露出来的乐观，那微笑背后隐藏着的无可比拟的信心和力量，使得这个家庭在不幸与灾难中充满了希望。

在艰难与不幸面前，乐观的态度、温柔的微笑是战胜一切困难的法宝。英国作家萨克雷说："生活就像一面镜子，你对它笑，它就对你笑；你对它哭，它就对你哭。"

人生不如意事十之八九，回顾一路走来的岁月，谁不是跌跌撞撞、摸着石头过河呢？如果总是把眼睛盯在那些不愉快的过往上，那么未来也会蒙上一层阴影。如果能够乐观面对这个世界，从容笑对人生，那么你很可能会发现，人生中的坎坷并没有想象中那么难以逾越。

不要为人生中遇到的一些小插曲、小挑战而惆怅沮丧。因为惆怅和沮丧不会对我们目前的状况有任何帮助。不如放下心来，给自己一个微笑，很多棘手的事情会迎刃而解。

※心领导力法则※

贝多芬曾说："卓越的人一大优点是在不利与艰难的遭遇里百折不挠。"生活中的灰暗既然已经令我们痛苦不堪了，龇牙咧嘴地喊疼又有什么意义呢？只有笑对人生，才能扬起自信的风帆，向着目标勇往直前。

Part 4

心领导力，帮你掌控成功

- ● 心修好了，齐家便不再是难事
- ● 领导力最初的试验场是家庭
- ● 为什么子女感受不到你的爱
- ● 不要忽略职场中的小角色
- ● 以责人之心责己，会少很多过失
- ● 想钓大鱼，要知道鱼在想什么
- ● 像锁匠一样打开他人的心
- ● 成功不是自燃，要先点亮自己
- ● 构建人际关系脉络图

第十章

成功的事业，从家庭开始

修身齐家，是几千年来中国人追求的人生境界，然而修身不易，齐家就更难了。所谓家家有本难念的经，越来越多的人感受不到家庭的温馨，常常莫名地烦恼，总在抱怨家庭的拖累。但你有没有想过，这一切都是谁造成的？如果你拥有一定的心领导力，家庭将会展现出它本来的面目，一切问题将不再是问题。

心修好了，齐家便不再是难事

"老祖宗留下一句话，家和万事兴、万事兴，妻贤夫兴旺，母慈儿孝敬，众人拾柴火焰高……"某一年的春节联欢晚会上，郁钧剑和张也共同演唱了这首《家和万事兴》的歌曲。

对于我们中国人来说，"家"是一个非常神圣的字眼，我们来自于家庭，扎根于家庭，并在立身于社会之后回报于家庭。中华民族向来重视世系传承，一脉相承的血缘如同一道鲜明的烙印，深深铭刻在每个人心中。

中华儒家文化特别注重家的营造，古人有"修身、齐家、治国、平天下"的训导，事实也是如此，一个连家都管不好的人又怎能治理好一个国？小邦管理混乱，有何资格奢谈平定天下？古人把"齐家"看作"治国、平天下"的基础。可见，我们的先人特别注重保持家庭的和睦，只有家庭和睦了，才有精力干好事业。

那么，齐家之前要做什么呢？儒家经典《礼记·大学》中说："欲齐其家者，先修其身；欲修其身者，先正其心。"也就是说，齐家要先修身，而修身的根本在于修心，因此，修心便成了齐家的关键。

所谓修心，最重要的是心境、心绪。没有好的心境和心绪便无法控制自己的内心，遇事难免会乱了方寸，而方寸一乱就难免做出有违家庭和睦的事来。

美国一项调查显示，有接近 30% 的离婚并不是因为婚外情，而是因为在进入中年之后，人们不可避免地出现急躁、消极、沮丧等情绪，这种情绪的出现给家庭生活带来了很多矛盾，而矛盾的积累最终导致了家庭的崩溃。

在当下的中国，也有越来越多这样的事情发生。这就说明，我们中国人的心境和心绪也该好好控制一下了。

老赵今年 45 岁，是一家国企的基层员工，虽然身处小康之家，但他总觉得自己一事无成，尤其是最近几年看到一些三十多岁的晚辈纷纷被提拔到了领导岗位，老赵就更觉得自己很失败。这种挫败感逐渐转变成了负面情绪，让他觉得生活处处不顺，最终导致他经常对爱人和孩子发脾气，几次和家人打得不可开交。

老赵也知道问题出在自己身上，这样下去不是办法，但苦于找不到解决的方法，为此感到十分头疼。后来，他在朋友的介绍下听了一节关于心领导力的课程，明白了根源在于自己无法控制内心。那么，如何控制内心呢？老赵从课程里获得了一个好方法——纵向对比。

心领导力导师请老赵看一部名为《求求你，表扬我》的老电影。在电影里，范伟的一段台词令老赵记忆深刻："幸福就是你饿了，别人手里拿着一个肉包子，而你没有，他就比你幸福；幸福就是你渴了，别人手里有一杯水，而你没有，他就比你幸福；幸福就是你想上厕所，别人占着一个茅坑，而你没有，他就比你幸福。"

心里默念着这些台词，再想想自己身边那些下岗的、失业的、离婚的同学朋友，老赵便不觉得自己有什么好苦恼的了，也慢慢学会了控制自己的情绪。不知不觉中，他已经有三个月没有和爱人吵架了，一度快要破碎的家庭就这样度过了危机。

2015 年，北京某媒体做过一项社会调查，调查结果显示：人均月收入在 4000 元左右的家庭成员感觉最幸福。因为这些家庭已有了基本生活保障，没有更多奢望，心态平和，家庭和睦。

其实即便没有这个调查，和谐家庭是事业的保障也人尽皆知。钱可以买到房子，却买不来家庭；可以买到东西，却买不来幸福。

随着人们收入的增加，过去曾经困扰一些家庭的经济问题在逐渐淡化，"贫贱夫妻百事哀"的家庭在减少。随之产生的却是更多更复杂的问题，究其根源在于家庭成员的内心修为不够，心领导力不强。

修好心，再齐家，心领导力的增强，是成功的第一道保障。拥有了一定的心领导力才能够管理好家庭，让家庭成为事业坚实的后盾，进而使我们能够在事业上乘风破浪，无往而不胜。

※心领导力法则※

一个家庭的和睦需要家庭每一位成员努力维护。对于家庭成员而言，如何控制好自己的情绪，如何将最好的一面呈献给自己的家人，是极为重要的一点。

领导力最初的试验场是家庭

2009 年，美国弗吉尼亚大学针对美国社会做了一项研究，研究对象是社会上具有代表性的家庭，研究的主题是家庭文化。

弗吉尼亚大学的研究者认为，家庭是家庭成员尤其是孩子生长和生活的环境，因此家庭文化对于家庭成员有着极为重要的影响。

反过来，家庭文化的构建又直接来源于家庭主要成员(一般是父母)的领导能力。

经过 3 年时间的调查，研究人员最终在 2012 年得出了结论，他们将美国正常家庭大致分为四种类型：道德型、乐观型、疏远型和美国梦型(奋斗型)。

这四种类型的家庭各自有其核心的家庭文化，而不同的家庭文化背后则是家庭主要成员领导力的差别。

第一，道德型。在道德型家庭中，家庭成员注重的是道德观念、是非观念的培养，这些家庭往往更看重成员的道德品质及宗教信仰，家庭成员多为宗教人士，对于家庭的管理也往往偏向于宗教式。然而，这类家庭往往比较刻板，容易忽视家庭成员的幸福感和成就感，家庭成员的天性常常被压抑。根据数据统计，这类家庭在美国占 20%。

第二，疏远型。疏远型家庭在组织上比较松散，情感维系完全靠血缘和婚姻关系，家庭成员少有内心交流，上一代对于下一代的看护也往往较少，这类家庭中成员间的亲密程度比道德型家庭成员间的亲密程度要低，幸福感也比较弱。这类家庭成员多以低学历低收入的蓝领工薪阶层为主，他们基本没有家庭管理能力。这类家庭在美国占 21%。

第三，乐观型。乐观型家庭是最成功的家庭类型，在这种家庭文化中，成员之间更看重

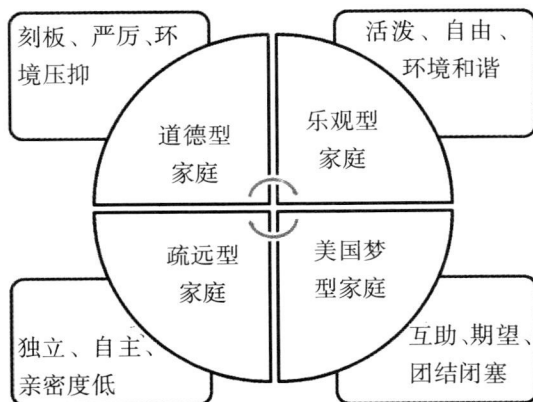

刻板、严厉、环境压抑 —— 道德型家庭

活泼、自由、环境和谐 —— 乐观型家庭

独立、自主、亲密度低 —— 疏远型家庭

互助、期望、团结闭塞 —— 美国梦型家庭

彼此的情感和责任，但与此同时又比较尊重个人的自由和选择，他们比较安于现状，对未来通常抱有乐观的心态。他们往往给予家庭成员更多的关爱，在管理家庭上，持有更加积极的态度。这类家庭在美国所占的比例为31%。

第四，美国梦型。这种文化类型的家庭在美国占27%，一般这种家庭文化多出现在新移民当中，他们对家庭成员寄予比较高的期望，希望能够通过成员的努力获得更好的生活，会为彼此创造更好的条件，会按照自己的想法来塑造下一代家庭成员，并尽量保护家庭成员不受外界负面因素的影响。这类家庭文化对于成员的管理能力要求是最高的，不但要求每个成员都具有乐观型家庭成员的积极管理能力，同时还需要更为强大的个人能力。

弗吉尼亚大学的研究对于我们管理家庭或多或少能提供一些借鉴，重要的是，它给了我们一个启示，那就是家庭其实是领导力的最初试验场。

一个人身处社会中，如何待人接物，如何与人相处，如何经营事业，如何管理团队，如何获得成功，这些都与其领导能力密不可分，而一个人领导能力的高低，直接反映在家庭管理上。

如果我们不能让自己的家庭和睦，成员间彼此关爱，那么我们的领导能力就应该受到质疑，事业成功的几率也会大打折扣。而那些能够在事业上获得成功的人，其家庭领导力也往往令人称道。

曾国藩堪称中国传统士大夫的典范，他出将入相，位极人臣，留下许多千古佳话，而有关曾国藩的持家之道更是为后人所赞叹。

曾国藩认为人生最重要的就是持家，而持家最重要的就是坚持人人孝悌的原则。孝是对父母、对长辈的感恩、尊敬与赡养，悌则是兄弟之间和睦友爱，也就是同辈之间的融洽和谐。

曾国藩在家书中写道："吾细思凡天下官宦之家，多只一代享用便尽。其子孙始而骄逸，继而浪荡，终而沟壑，能庆延一二代者鲜矣。商贾之家，勤俭者能延三四代。耕读之家，谨朴者能延五六代。孝友之家，则可以绵延十代八代。"

从曾国藩这一番对持家的感慨中我们可以看出，在他的心中，家庭和睦是一个家族福运绵长的根本，也是一个人立身于世的根基。

由此可见，在持家乃至于立世的看法上，古人的智慧与现代的科学并没有多大差别。家庭是事业的核心，是锻炼心领导力的最佳场所，只有处理好家庭的种种问题，事业才能够蒸蒸日上，你才能够拥有美好的人生。

※**心领导力法则**※

家庭是力量的源泉。一个人说话、办事、待人、接物甚至处理危机的能力往往能在家庭里得到检验，所以说心领导力强大的人首先是将这种能力投诸家庭，让家庭和美，成员友爱亲善。

为什么子女感受不到你的爱

很多读者朋友有这样的困惑，明明对子女投入了百分百的爱，却总是得不到他们的理解。每次想要表达对他们的关心时，不是被爱答不理地冷对待，就是被一句"我知道了，你别再唠叨了"搪塞过去。

为什么子女感受不到你的爱呢？这个问题实际上已经成为困扰当下中国家庭的一个重要问题，其根源很大程度上是因为你的心领导力太弱。

心领导力弱的最直接表现是想当然，觉得自己是为子女好，于是强硬地要求他们接受和理解自己的意见。殊不知，这并非互相理解，只是一厢情愿罢了，对于孩子们真正有什么需求，家长并没有考虑。

有一位母亲小时候的梦想是成为舞蹈家，但由于那个时候条件不允许而使愿望落空。等到她有了女儿以后，就希望女儿能够实现她的梦想，于是在女儿很小的时候就为其规划好了舞蹈之路。

女儿两三岁的时候，她便开始让女儿接触舞蹈素材，看舞蹈电影，看舞蹈演出。女儿五岁大的时候，她就把女儿送到了舞蹈培训班。起初，女儿也按照妈妈的意思跟着老师学，但随着年龄的增长，她发现自己的兴趣并不是舞蹈，而是文学，于是，女儿和妈妈之间的摩擦越来越多，分歧也越来越大。

在这种情况下，这位母亲仍然认为自己是对的，坚持说自己不会放弃制定好的计划，要让女儿继续把舞蹈学下去。女儿不敢违拗，只好在不甘心的情绪中敷衍练习，结果可想而知。

这位母亲的行为就是自私型的"望子成龙"。为了让女儿成为一名舞蹈家，这位"无私"的母亲牺牲了很多，但她从来没有想过，这些牺牲原本就是不必要的。她为女儿牺牲的前提是女儿要满足她的愿望，也就是说，母亲的牺牲其实是为了自己。世上的笨鸟有三种：一种是先飞的，一种是嫌累不飞的，最后一种最讨厌，自己飞不起来，就在窝里下个蛋，要下一代使劲儿飞。

不少父母控制欲非常强，他们总是把所谓"有出息"当成教育孩子的唯一目的，并照着自己心目中"有出息"的模子来塑造孩子。这些父母常常把自己的期望寄托在儿女身上，让孩子从小就感受到这"期望"的重量。一旦孩子不能满足父母的期望，就会让他们背上一个"不孝"的罪名，这无疑增加了孩子的心理负担。

各国 10 岁儿童可自由支配时间

美国	5.2 小时
日本	4.4 小时
英国	4.6 小时
法国	5.6 小时
韩国	3.2 小时
中国	1.5 小时

说到底，这些家长的问题都出在心领导力上。他们无法从内心层面与孩子进行沟通，无法获得孩子发自内心的理解，因而也得不到孩子内心深处的认同和感恩。

想要获得孩子的理解，得先去理解孩子；想要让孩子感受到爱，首先要确保真的爱他们，而不是以爱的名义绑架他们。这些道理看似简单，但如果没有较强的心领导力，没有一颗同理心是绝对做不好的。

心领导力不仅仅是管理孩子的能力，也不仅仅是教育孩子的能力，更重要的是控制自己的内心、理解他人的能力，而这种能力恰恰是当下中国很多家长所欠缺的。

心领导力强的父母都懂得，每个孩子的先天条件是不同的，囿于智力、兴趣爱好、身体状况、家庭条件的不同，每个孩子的人生道路也应该是不尽相同的。

其实，每个成年人都知道，童年是人生中最美好也是最珍贵的时光，也是孩子心理生理成长发育的关键时期、是形成人性和人格的重要时期，若是在这个时期，硬要剥夺孩子的自由空间，让孩子按照父母的想法塑造自己的未来，那么可以预见父母越是爱孩子，孩子身上的压力就越大，也就越发感觉不到父母的爱。

※心领导力法则※

每个人都是独一无二的，我们讨厌别人以统一标准来衡量我们，孩子也是如此。爱你的孩子，并不是要让他按照你的标准成长，而是要给他提供一个好的环境，让他自由自在地成长。理解了这一点，你才能真正地爱孩子。

婆媳并非天敌

婆媳关系可以说是所有家庭都要面对的问题，尤其是两代人生活在一起的家庭，婆媳之间几乎没有不产生摩擦的，这也难怪人们常常说"婆媳简直就是天敌"。那么，真的没有相处得很好的婆媳吗？当然有了，有不少家庭婆媳之间关系很是融洽，那么她们是怎样变得亲密无间的呢？在解答这个问题之前，我们先看一个真实的案例。

周女士和她的婆婆生活在一起，虽然两代人住在一个几十平方米的房子里，但相互之间的关系非常融洽，堪称模范家庭。慕名而来的记者采访了周女士，他问周女士与婆婆相处的窍门是什么，周女士的一番话令记者大为动容。下面是周女士的一番肺腑之言：

"咱嫁给了一个男人，就要面对他的家人，既然选择了做一家人，做晚辈的就要学着去适应老人，与她分享两个人的生活，去了解老人家的一切，她的脾气、她的生活习惯，而最重要的就是不跟老人家计较。

"婆婆很多时候会把'这都是为你们着想'挂着嘴边，甚至有的事替我擅作主张。我有自己的想法，有时也会觉得她是在干涉我，但是我在老人面前不直接顶撞，而是用婉转的话来回答她。

"老人都喜欢小孩儿，但我婆婆带孩子没我细心。也因为这样，孩子在 8 个月的时候坐学步车就把脚夹得青紫一片，那时候把我心疼的，问婆婆，她也不知道孩子是什么时候弄成这样的。这让我更加担心害怕，后来慢慢也想开了，这也不是她的错，谁家的孩子不是经历过这些才长大的？而且她也心疼孩子，我没说什么，反倒让她更难受。

"这件事情过去没几天，孩子又从床上摔了下来。这回是眼睛摔紫了一圈。我确实心疼得不得了，刚想说婆婆，又冷静了下来。我拉着她的手说：'算了，孩子调皮从床上摔下来很正常，也不能怪您，下次您不在房间，就把他放地上玩，怕地上凉，就铺床被子。人家不都说，孩子越摔越聪明嘛……'

"经过这两次，我就想，心里实在难受的时候，能当面批评婆婆吗？我做不来，即使她有错，我也说不出口。后来婆婆自己承认了错误，说下次一定小心点儿。

"其实每个人都是通情达理的，婆媳能在一起生活是缘分，大家都为共同的一个家着想。互相体谅，互相支持，那么这个家在什么情况下，都是坚不可摧的，即使有矛盾，也能很快解决。"

听了周女士的这番话，相信大家应该明白婆媳融洽相处的要点是什么了。没错，就是不计较，尤其作为晚辈的媳妇，在大多数问题上不应该和长辈计较，如此才能让大事化小，小事化了。

其实，不仅仅是婆媳关系，生活中的方方面面莫不如此。一个家里生活，勺子难免有碰到锅沿的时候。人与人之间因为某些问题发生摩擦是再正常不过的事了，如果都要去计较，去较真，那就没法与人交往了。想想看，一个连鸡毛蒜皮的小事儿都要与人计较的人，又怎能成大事呢？退一步讲，即便是不成大事，如果把精力都放在与人计较上，那我们的人生还有什么快乐可言？

很多人羡慕刚出生的孩子，因为孩子的快乐是最简单、最纯洁的，其实孩子之所以快乐并不是因为他们的快乐简单，而是因为他们心中根本没有"计较"这一概念。我们经常看见两个刚才还大打出手的孩子，一转眼就又勾肩搭背玩儿在一起了，这才是他们快乐的根源。有句话说得好："快乐不是因为拥有得多，而是因为计较得少。"仔细想想，还真是这个道理。

※心领导力法则※

家庭中的很多苦恼源自于内心管理的缺失，没有血缘关系的婆媳经常会有矛盾，如果双方有较强的心领导力，能够控制自己的情绪，那么矛盾毫无疑问会迎刃而解。

亲密力，家庭幸福的源泉

人们常说，幸福的家庭有同样的幸福，不幸的家庭各有各的不幸。那么，幸福的家庭同样的幸福到底是怎样的呢？

我们传统文化对此的解释是：父慈子孝、兄友弟恭、夫和妻柔、姑慈妇听、长惠幼顺、内平外成。这些词语说起来令人心驰神往，深究起来却又不免显得有些虚。以父慈子孝为例，怎么做才能算得上父慈子孝呢？有什么统一的标准吗？这就难以回答了。

我们研究心领导力的目的，就是用一种科学的方法，来分析精英人士及其家庭的特质。并以科学的方法，告诉大家，一个幸福的家庭到底该是什么样子。

2015 年，美国年度畅销书排行榜上有这样一本书，它是美国著名社会学家布鲁斯·费勒写的《幸福家庭的秘密》。费勒在这本书中为我们解析了美国幸福家庭共有的几种特质。

费勒认为，美国幸福家庭有 5 个共同点，分别是：共同的家庭使命、家族共同的历史、每隔一段时间的家庭会议、家庭矛盾的解决与每日的聚餐。

费勒在书中写道："找些时间与家人探讨家庭价值观是什么，这一条非常重要。以企业的立场来说，就像是在建立家庭使命的宣言，当家庭共同的价值观确立后，剩下的东西就好办了。"

费勒自己也曾经和家人进行过家庭价值观的探讨，他将探讨的结果总结成 10 个条目，然后打印出来，挂在餐厅里。他说这是为了给自己的家庭设立一个目标，这个目标并不是要求家庭成员每天做同一件事，只是建立一个家庭的共同乐趣和愿景。

关于第二点家族的历史，人类学家埃默里的研究发现，对于家族历史有所了解的孩子，往往会有更强的信念，能够控制他们的世界，对未来会更有信心。

费勒认为孩子对家族历史了解的程度影响其情感、幸福指数。他发现，事实正像埃默里所说的那样，对家族历史了解程度越高的孩子，其幸福指数就越高，与家人的亲密程度也就越高。

费勒认为，向孩子讲述家族历史，不仅仅是告诉他们"我们家有多么强大"，更重要的是跟孩子

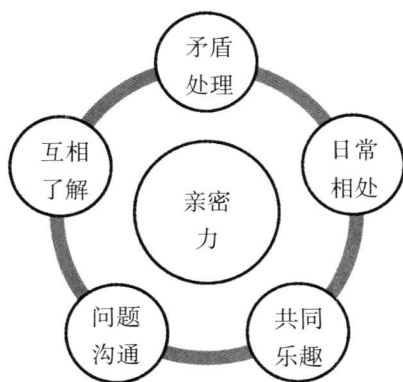

家庭心领导力之亲密力六要素

谈论先人遇到的艰难和挑战，以及如何面对和克服困难。因为，先人对困难的克服可能会成为孩子的榜样，让孩子更有信心面对逆境。

每隔一段时间的家庭会议，就像是现代企业管理一样，会帮助家庭成员更好地交流，这不仅仅是情感方面的交流，更多的是对当前所面临的问题的交流。虽然家庭成员每天都要见面，每时每刻都要交流，但这种正式的交流也是很有必要的。这种交流有时还会附带激励和惩戒的作用，对于家庭成员好的方面进行奖励，有助于培养家庭成员的信心；对于犯错误的家庭成员进行适当的惩戒，则有助于提升家庭成员的道德品质。

争吵是每个家庭不可避免的，但幸福的家庭总是将争吵限定在可控的范围内。哈佛大学法学院教授比尔·尤里在讲到如何解决家庭生活中不可避免的争吵时，提出了四个关键步骤。

第一，把争吵的家人分隔在不同地方，这样可以平息他们愤怒的情绪，使他们能冷静地思考所争吵的问题；第二，设置备选方案，想办法将争吵的核心问题解决掉；第三，重新聚在一起进行沟通；最后一点，共进晚餐。研究表明，每天一起吃饭的家庭，对家庭成员的生活可以产生巨大的影响。因为在与家庭成员共进晚餐的时候，不太可能抽烟、酗酒等，这可以培养良好的生活习惯。

1981年，密歇根大学开展过一项调查，调查对象是一些美国家庭在未来15年里的晚餐行为。到1997年调查结束时研究结果显示，经常与家人一起吃饭的孩子有更好的学习成绩和品行，而经常与孩子共进晚餐的家庭成员在事业上往往一帆风顺。

综上所述，布鲁斯·费勒的幸福家庭管理方式，与心领导力在本质上是趋同的。我们依照心领导力自我认识、自我管理、他人管理的三个步骤，将其划分为家庭文化、家庭管理、成员沟通。其中，家庭文化对照的就是自我认识，家庭管理和成员沟通对照的是自我管理与他人管理。一个家庭只要把握好这三个重要的环节就能够成为幸福的家庭，而幸福的家庭也必然是在这三个方面下足了功夫的。

※**心领导力法则**※

幸福的家庭虽然各不相同，但幸福的源泉却有迹可循，只要家庭成员拥有一定的心领导力，用心领导力法则来操持这个家庭，那么这个家庭一定能够成为幸福家庭中的一员。

第十一章

心领导力决定职场高度

抱怨自己不被重用，抱怨下属不听指挥，抱怨同事无法沟通，抱怨上司有眼无珠，抱怨自己的身边没有人才，职场中的我们充满了抱怨，但是光靠抱怨解决不了任何问题，每天面对的仍然是这些人，只有提高自己的心领导力，将抱怨一个个化解，才能在职场上走得更远。

找准自己的位置

踏入社会，你最应该了解的是什么呢？对于这个问题，可以回想一下锻炼心领导力的第一课——认识自我。

对于每一个人来说，无论出身富或贫，学识深或浅，相貌好或坏，在进入社会之后都能获得一席之地。不同的是，大多数人的自我认识会与其真实定位有偏差，换句话说就是在刚进入社会的时候，很多人找不准自己的定位，而这恰恰是心领导力弱的表现。

回想一下，在你离开学校步入社会时，父母是否曾担心你会因为"不懂事"而吃亏，他们不厌其烦地给你大谈"人生道理"，恨不得将自己几十年的人生经验全部灌输给你。

然而，对于父母的这份苦心，你非但不领情反而产生更加强烈的逆反心理——我又不是你们的傀儡，我要做自己！

其实，父母的苦心并没有错，只不过表达方式错了。在这一点上，台湾的很多父母非常值得我们学习，他们不会在孩子耳边唠叨，而是购买相关书籍送给孩子，让他们从书中自己领悟为人处世的道理。在这些书中，蔡志忠先生的国学系列漫画是首选。

说起蔡志忠来，很多人耳熟能详。蔡先生的漫画自成一派，以

180

中国传统文化为底料，融幽默、文化和教育为一体，在对人生的解析和对年轻人的指导上独树一帜，因而成为年轻人了解社会、为人处世的宝典。

蔡先生的漫画为什么这么受欢迎呢？根本原因在于这是他的亲身经历和真实感受。在蔡志忠 15 岁的时候，本应该读初中二年级，可他却因为对漫画的痴迷选择了退学，离开老家彰化孤身一人到台北闯天下。

以当时的年龄，蔡志忠的漫画水平已经算是出类拔萃了，也正是这种超越年龄段的才华造成了蔡志忠恃才傲物、目中无人。年纪小，性格又不好，当时的台北漫画界几乎没人赏他饭吃，他几次求职漫画社，都被以各种理由拒绝了。

无人认可的境遇让蔡志忠非常心酸，好在心酸之余他并没有沉沦，而是开始思考自己是不是什么地方做错了。经过长时间的冷静思考后，蔡志忠终于明白，是自己把起点定得太高了，没有看清自己现在应处的位置。不错，自己是获得过青少年漫画比赛的奖项，也因此积攒了些"名声"，但这些名声并不能成为立身的本钱，因此自视甚高是不对的，其实自己连漫画界的门槛还没迈过去呢。

想明白后，蔡志忠开始沉下心来慢慢解决当前遇到的问题。他不在梦想马上出版自己的

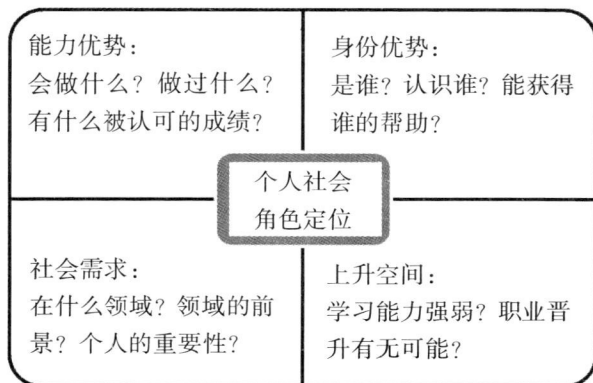

能力优势： 会做什么？做过什么？ 有什么被认可的成绩？	身份优势： 是谁？认识谁？能获得 谁的帮助？
社会需求： 在什么领域？领域的前 景？个人的重要性？	上升空间： 学习能力强弱？职业晋 升有无可能？

个人社会
角色定位

个人社会角色定位需要考虑的几个问题

漫画集，而是以最低的要求进入了一家漫画公司，从最基础的脚本画起。由于自身基础扎实，加上工作勤奋，蔡志忠逐渐获得同行的认可。23 岁那年，他终于进入了梦想中的漫画殿堂——光启漫画社，成了一名美术设计师，从此走上了职业漫画家的道路。

如蔡先生一样，许多人在初入社会时会遇到不被认可的困境。面对困境，一些人走向消沉抑或是极端，进而更加不为社会所接受，而这也正好证明了父母的担心并非全无道理。因此，我们可以得出这样的结论，如何应对能力不被人认可的困境已经成为决定我们能否走好人生道路的第一步。那么，这一步要怎么走才能走得扎实呢？

关键在于心领导力的强弱。心领导力强的人能够更好地认识自己，明白自己的本钱到底有多少，对自己在社会上的地位有一个准确的衡量，能够找准自己的位置。只有如此，才能防止因心态失衡而走向极端。

俗话说，初生牛犊不怕虎。刚刚步入社会的年轻人，大都觉得自己注定会成为一个成就一番大事业的英雄。然而，等看清社会的真面目后，会震惊于现实和心理的落差之大。猛然间一脚踩空栽了个大跟斗之后，许多人会因此一蹶不振，沉沦下去，成了现实的牺牲品。

其实，真正想干一番事业的人应该像蔡志忠一样，知耻而后勇，明白梦想与现实的差距，进而迅速找到自己的位置，从空想中把自己解救出来，以期望快速适应现实社会，如此才不会被现实打击得遍体鳞伤。而那些不想反思、不懂正确认识自己的人永远在错位的感觉中徘徊不前，最终成了"不成熟""没有成长"的代名词。

※心领导力法则※

不管是初入社会还是跳槽升职，都会使我们进入一个全新的领域。在这个全新的领域中，首先要做的就是站稳脚跟，而如何站稳脚跟呢？关键在于找准自己的位置，这个时间越短，走的弯路就越少。

不要忽略职场中的小角色

一个成熟的职场人士在工作中待人接物恰如其分；一个成熟的职场人不会忽略身边的每一个人，即便这个人再微不足道。

如果一个人无法控制内心，难免会因为一点点成就而骄傲，这种骄傲最直接的表现便是对他人的轻视，而这种轻视在职场上屡见不鲜。

罗大佑创作并唱过一首名为《野百合也有春天》的歌，其中有这样几句歌词："就算你留恋开放在水中娇艳的水仙，别忘了寂寞的山谷的角落里，野百合也有春天。"我们不难理解歌词的意思，不要轻视那些小人物，终有一天他们也会做出令人震惊的事来。

美国作家马里昂·普佐在其小说《教父》中借"老头子"尼科·科里昂的口说出这样一句话："永远不要肆意得罪任何人，你必须明白一个道理，那就是即便是再平庸的人，如果他足够留心，也是可以达到报复一个大人物的目的的！"

上面这两个例子告诫我们，不要得罪或忽略那些默默无闻的小角色，尤其是在职场中，这些小人物看似微不足道，但说不定哪一天就会在我们拼搏的路上起到至关重要的作用。倘若不小心得罪了他们，就是在自己前进的路上埋下了一颗定时炸弹。

小王在公司工作四年了，四年里他一直兢兢业业，为公司的发展和壮大立下了汗马功劳。无论从工作能力还是资历来看，他都不输于同级别的任何一位同事，然而在公司评选主管的时候，他却败给了能力和资历都不如他的同事小刘。

对于这次评选，小王自然是满心愤恨。第二天中午吃饭的时候，一向不喝酒的他喝了几杯，带着几分醉意直接奔向了经理办公室和经理吵了起来。这一吵不得了，最终的结果是小王提出了辞职。

经理对于小王的离去也感到惋惜，毕竟小王曾为公司做了不少贡献，可若留下了他，以后的管理工作会非常不好做，所以只能同意他的辞职申请。

可能是出于对小王的愧疚，也可能是察觉到了小王的悔意，经理对小王说了几句真心话。经理说："小王，提拔谁这事儿不是我说了算的，这你也知道，是大家的投票结果决定的。你能力不错，可是得注意控制一下自己的脾气。我不是说你对我闹情绪的事，而是说同事之间相处时，知道为什么这次没有提拔你吗？这是大家的意思。你看小刘，对刚来公司的同事都是和和气气、有说有笑的。"

小王听了经理的话，恍然大悟。原来，小王平日不太注意和同事搞好关系，尤其是那些庸庸碌碌的同事，他打心眼里瞧不上他们，几乎从没给过他们好脸色，动不动还对他们冷嘲热讽。这次评选，大家把平日里积攒的对小王的不满全部释放了出来。小王没有被提升为主管的根本原因就在他自己身上。

很多年轻人认为，只要尽心尽力取得优异的成绩，赢得上司的赏识就可以了，而对公司里的一般人员没有给予应有的尊重，认为得到他们的协助是理所应当的，甚至动辄对他们指手画脚，这就是职场小王们的思维逻辑。

职场中，有些人的职位虽然不高，权力也不大，好像跟我们也

职场关系正面影响	职场关系负面影响
·33%的员工会在2年之内得到晋升	·58%的男性员工离职是因为与同事合不来
·1/3的员工会在工作中认识新朋友	·74%的女性员工离职是因为与同事合不来
·25%的员工会因为受到重视而提升士气	·25%的人工作效率的降低是因为团队内有2人以上关系恶劣
·86%的员工得到晋升是因为同事推荐	·与同事关系恶劣的人，会将至少39%的精力放在内耗上

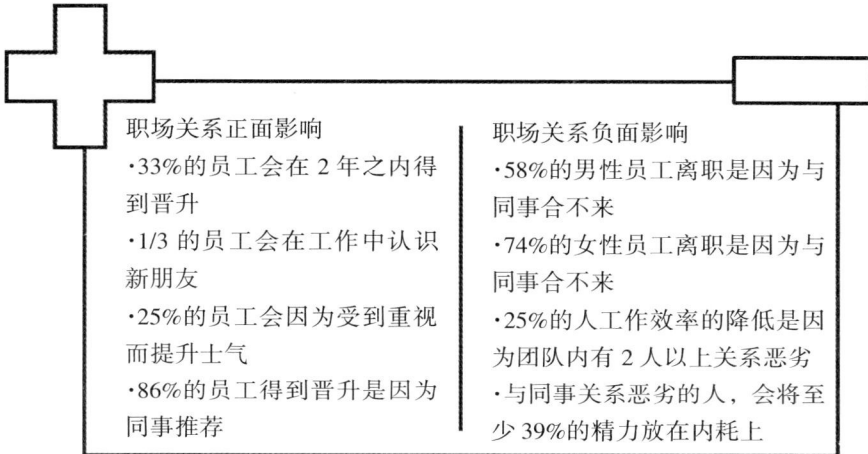

职场关系对工作效率及职场前景的影响

没有什么直接的工作关系，但其实他们的影响无处不在。他们的资历比我们老，办公室的风浪经历的比我们多，要在我们身上找点毛病，给我们的前途加个障碍设道坎儿，简直易如反掌。因此，对于这些人的存在，我们千万不能忽略，一定要引起足够的重视。

一名成熟的职场人士一方面不会轻视那些不如自己的同事，另一方面偶有轻视也不会在行为上表现出来。想想看，一个处处得到同事认可的人，他的职场生涯还能不顺畅吗？

※心领导力法则※

轻视别人是人的通病，其根本原因是无法控制内心的骄傲情绪。在职场上，任由这种不良情绪蔓延会造成非常严重的后果，到头来后悔莫及。

以责人之心责己，会少很多过失

《论语》云："君子求诸己，小人求诸人。"这句话是关于个人在责人与责己、正人与正己上的阐述，普通人对他人总是很严厉，而君子却能够将这份严厉和苛责用到自己身上。

如何要求下属，又如何要求自己，是作为领导必须处理的一个重要问题。出现问题在所难免，想要解决问题，改正错误，让工作重新回到正确轨道上来，就必须从领导和下属两方面找原因。

一个成熟的领导面对这种状况一般会严格要求自己，主动承担应该承担的责任。而一个不合格的领导则总是盯着下属的问题不放，总想以此来掩盖自己的问题，严于律人宽于律己，从而导致矛盾越来越大，最终影响到整个团队的生存和发展。

熟悉战国历史的人都知道，燕国本来有一个机会可以比肩其他六国，却由于燕惠王的文过饰非，致使大将乐毅心灰意冷而离开，从此燕国兵败将亡，日渐衰微。

乐毅本来是燕惠王的父亲燕昭王手下的大将，昭王知人善任，重用贤能，听从乐毅的建议，联合赵、楚、韩、魏等国攻打齐国，以乐毅为上将军，三年时间里连续攻下齐国七十一座城池，大有灭齐称雄中原之势。

可惜好景不长，在燕齐之战还未结束的时候昭王就病故了。昭王死后，继位的惠王中了齐国的反间计，以为乐毅想在齐自封，便剥夺了乐毅的兵权，以无论才能还是人品都不如乐毅的骑劫取而代之。乐毅无奈，只好逃往赵国。

乐毅离开燕国后，齐国的田单立马即领兵攻打燕国，收复了全部失地。燕惠王后悔以骑劫取代乐毅，却又不检讨自己的错误，反而指责乐毅忘恩负义。他责备乐毅："先王举国而委将军，将军为燕破齐，报先王之仇，天下莫不震动，寡人岂敢一日忘将军之功哉！会先王弃群臣，寡人新即位，左右误寡人。寡人之使骑劫代将军，为将军久暴露于外，故召将军且休计事。将军过听，以与寡人有隙，遂捐燕归赵。将军自为计则可矣，而亦何以报先王之所以遇将军之意乎？"

面对燕惠王这般推卸责任，乐毅真是哭笑不得，想到这样一个不信任自己的君主，自己怎能放心在他手下效命，于是便铁下心来不回燕国。没有乐毅的燕国军队，就失去了主心骨，从此一蹶不振。

无论国家大事还是公司的小问题，在矛盾出现后，作为领导者一定要有责己的雅量，如果一味将责任推到下属身上，只责备下属，不检讨自己，就会让下属的怨恨越积越深，进一步激化矛盾，让整个团队的人际关系走向破裂。

责己就是严于律己，用实际行动和榜样的力量影响下属，感化下属，只有这样才能令下属心悦诚服，对他们的批评和教育才会起到积极作用。如果只追究下属的责任，忽视自己的责任，慢慢就会养成自以为是的习惯，认为自己什么都是对的，出了问题都是下属的错。长此以往，身边也就只剩下那些溜须拍马的小人了。

无论是历史上的伟大人物还是现实中的商业领袖，无不是严于律己的典范。诸葛亮为蜀之相国，善无微而不赏，恶无纤而不贬，刑政虽峻而无怨者，这是因为他不仅用心平而劝诫明，关键是能够做到严于律己，以身作则。

当你成为领导的时候，当然有资格要求下属如何去做，也可以在下属出现问题时进行批评教育，但是要明白教导下属的前提是你自己首先要做好，如果你自己都没有做好，又有什么资格要求他人呢？很多人不明白这个道理，只许州官放火，不许百姓点灯，结果弄得下属怨声载道，最后失尽人心被迫离职。

前世之事，后世之师，我们只有做到先律己，后律人，才能成为一个优秀的领导者。

※**心领导力法则**※

没有人想问责自己，也没有人喜欢成为被追责的那个人，但是作为一个好的领导，应该时刻叩问内心，主动担负起责任来，只有这样才能够赢得下属的尊重，才能让团队在你的领导下发挥最大的潜能。

所谓成就大，就是能容人

《菜根谭》中有一句话："有大胸襟者，方有大智慧。"意思是说，一个真正聪明的人必然是一个拥有博大胸襟，能够包容他人的人。

的确，一个人的胸怀有多大，成就就有多大。那么，对于一个公司领导来说，想要坐稳自己的位置乃至步步高升，就必须有包容他人的胸襟。

打开中美外交坚冰的人物之一理查德·尼克松总统在美国历史上以能够包容他人著称。在他接替林登·约翰逊成为美国第三十七任总统后，白宫工作人员对这位加油站老板的儿子非常不屑。时任国务卿的基辛格就曾讥讽尼克松，说他根本没有能力治理好美国，在尼克松竞选总统前，他还一度站在尼克松的对手一边。

然而，基辛格的这些行为并没有影响尼克松对他的重用。尼克松发现基辛格是一个难得的人才，尤其在对亚洲事务方面，有着独到的见解。于是，尼克松力排众议聘任基辛格担任国家安全事务助理。尼克松的宽容豁达令基辛格非常感动，他抛弃成见全力帮助尼克松总统处理国家安全事务。不仅如此，基辛格还以其渊博的知识、独到的见解、过人的胆识纵横国际政坛，成为驰名国际的外交家。特别是在中国的问题上，基辛格帮助尼克松迈出了关键的一步，仅凭这一步就让尼克松永载美国外交史册。正是尼克松宽宏大量的胸襟成就了他的伟大事业。

海纳百川，有容乃大。按照一般人的想法，尼克松是不大可能用基辛格的，就算用也只是象征性地给个虚职，以便向外人彰显他的大度，但他没有这样做，而是以宽大的胸襟容纳基辛格，体现了一个领导人的大度。

对普通人而言，刚刚进入社会的时候人脉都差不多，但是一段时间后为什么有的人朋友无数，受人爱戴，而有的人则找不到一个知心好友？说到底，还是心领导力强弱的差别，具体来说便是有无包容心的问题。

当我们走上一个新的岗位时，同事中难免有我们不喜欢的人，或者做出让我们不满意的事，这时该怎么办呢？职场精英的选择是包容这些人，因为只有这样才能得到他们的拥护。

然而，很多人并没有这样的胸襟。一些领导者对自己非常包容，对下属则过于苛刻。面对这样的领导，下属的态度一定是唯恐避之而不及。如此，在得不到下属认同的情况下，想要获得事业上的成功，无异于痴人说梦。

纵观古今中外，那些带领他人走向一个又一个胜利的领袖无不是善于容人的人。IBM 前总裁安迪·格鲁夫就因包容下属闻名在外。只要下属在人品和工作能力上没问题，其他小瑕疵从来都不在格鲁夫的考察范围内。对于一些员工经常出现的偷懒、疏忽等问题，格鲁夫从来不正面批评，而是让他们自己去反省。对于抵触他的那些下属，格鲁夫更是大度，不但不生气反而非常乐于和他们讨论、交换意见。员工说的不对时，他也不会得理不饶人，而是让他们从内心明白自己的错误在哪里。正是有了格鲁夫这样大度的领导，才使得 IBM 公司在竞争激烈的市场上攀上一个又一个高峰。

世界上最宽广的是大海，比大海更宽广的是天空，比天空更宽广的是胸怀。能否包容他人是判断一个人是否具有领导气质的重要标志。千万不要吝惜你的宽容，针尖对麦芒那不叫强势，更谈不上气势，拥有虚怀若谷的胸怀才是真强势，大气魄。

※心领导力法则※

真正的宽容从来都是主动的，发自内心的，无奈与迫不得已的妥协跟宽容不沾边。只有内心强大的人才懂得如何宽容，一个自私自利的人是决不会做到真正的宽容大度的，因为这不是他的本性。自信的人向来都是宽容的，也只有宽容才能将其信念变成下属的信念，才能使团队成员步调一致，行动统一，达到心中的目标。

以大局为重，不计较个人得失

孔托矿业公司是澳大利亚北部地区一家老牌冶炼企业，在 2015 年底，公司总部向某个部门下发了两项通知。一项是公司要在该部门提拔一名员工进入管理层，担任生产部副经理。大家都知道这是个"肥缺"，因为生产部的副经理不但是公司的决策层人员，也是晋升生产部经理和更高职位的过渡，而且只要得到该职位就可以拿到比现在高出三倍的薪水和至少五倍的其他福利。对于这一职位，该部门的每个人都跃跃欲试。

不过，第二项通知让大家陷入了纠结。公司在非洲坦桑尼亚的某个矿山出现了问题，要立即派人过去处理，待事情完全结束之后才能回来，大概要半年时间。当然，公司也知道这个任务过于艰难，因此也会大幅度地提高外派人员的福利。为此，管理层希望员工能够从大局出发，为公司做出点儿牺牲，主动承担这个任务。

很多员工对于公司的第二项通知望而却步，因为谁都知道，坦桑尼亚可不是个好去处，除了炎热潮湿的气候，还有很多种传染病肆虐。听说在去之前，光疫苗就要打三十几种，而且那里几乎没有城市，更没有什么娱乐项目，外派到那里的人简直如同坐牢。半年的时间，生产部副经理的位置可不等人。谁要是去了坦桑尼亚，就等于自动放弃了成为生产部副经理的机会，这一得一失任谁都看得明白。

大家都犯了难，谁也不想说去，但又不好意思推荐别人去，一时间面面相觑，陷入尴尬的沉默中。慢慢地有人开始打破沉默，有的说大家都不吭声，就让总部决定派谁去；有的说还不如抽签，抽中的人去。正在大家议论纷纷的时候，有一位名叫理查德·休斯的人站起来说："不要再讨论了，我去好了。"对于休斯的表态，同事们自然乐得顺水推舟，于是将休斯的名字报了上去。令大家意想不到的是，正当同事们打算为收拾好行李的休斯开欢送会的时候，突然接到通知，休斯被任命为生产部副经理，立即上任。

对于这一任命，人力资源部经理说了一番话："公司高层领导需要的不仅仅是工作能力，还有大局观和不计个人得失的奉献精神。面对生产部副经理的空缺，大家都想争取，但对公司外派非洲的工作，却都想逃避。对只想获得不愿付出的人，公司怎么放心把管理生产的重任交给他呢？其实，原本就没有外派坦桑尼亚的任务，只不过是公司用来考验大家的一个测试而已，而最终通过测试的无疑会成为生产部副经理。现在结果出来了，那就是为大局考虑的理查德先生。"

惠普公司对其管理者的基本要求中有这样一条："管理者要学会站在公司立场看问题，不要紧盯着部门的小利益。"这句话非常值得我们借鉴，一个成熟的领导要从整体上布局，只有这样才能使公司利益最大化，才能获得下属的认可。

优秀的领导应该有长完的眼光，这种眼光在关键时刻就是主动面对、不计较个人得失、甘愿为公司放弃自己的利益。蒙牛集团在刚刚成立的时候也遇到不少困难，当时的领导层众志成城，不仅主动提出不拿工资，还纷纷将自己的钱拿出来贴补公司，可以说正是有了这么多优秀的领导才创造了蒙牛后来的辉煌。

有些人在岗位上如鱼得水，却十几年没有被提拔重用，就是因为他们只顾自己眼前的蝇头小利，没有足够的大局观，自然，上得不到领导的认可，下得不到同事的拥戴。这样的人如果对目前的境况心满意足还好，如果觉得有志难伸，那就只能怪自己了。

※**心领导力法则**※

敢于吃亏的人是职场的赢家，能肩负起多大的责任就能获得多大的权力和财富。职场的心领导力法则是：不要逃避责任，不要计较得失，敢于吃眼前亏。只要敢承担更大的责任，失去的迟早会加倍得到。

有权力，还要有道德力

权力是个好东西，在古代可以决定人的生死，在现代可以决定生活质量。无论什么情况下，权力都体现着领导者的地位和权威。

是领导就会拥有一定的权力，这是其所处的岗位职责所决定的，但是要想成为一名优秀的领导仅仅拥有权力是不够的，没有哪个领导能只凭借权力就将下属牢牢控制在身边。尤其是现代自由主义风行，人人崇尚自由，权力对于稳固与下属的关系、加强团队内部团结的作用就更小了。因此，一名优秀的领导在拥有权力的同时还应该具有一定的道德力，这是其思想道德素质及行为表现所决定的，也是由人与人之间的情感所决定的。

微软公司是电脑软件领域的巨无霸，拥有雇员超过 7 万人、年营业额超过 400 亿美元。微软所取得的每一个成就都凝聚了所有员工的心血。据悉，在人才流动频度偏高的软件行业，微软公司是人才最固定的公司，为何出现这种状况呢？除了微软的高工资外，与微软管理层实施的人性化管理不无关系。

曾经有人询问过很多微软员工微软最大的优点是什么，这些人的回答不尽相同，其中最有代表性的说法是："微软给员工的福利很好，曾有一些微软前员工去了谷歌西雅图办公室。他们向谷歌 CEO 施密特抱怨说，谷歌的福利包括医疗保险、牙医补贴、眼部保健费用等，都远不如微软好。当施密特亲自了解微软的福利开支后，否定了改善员工福利的想法，因为那样会使谷歌西雅图办公室的保险费增加 200 万美元。媒体常常忽略了微软的好福利。谷歌的确有免费午餐，但是在微软，包括医疗、处方药费用等都不用交钱。"

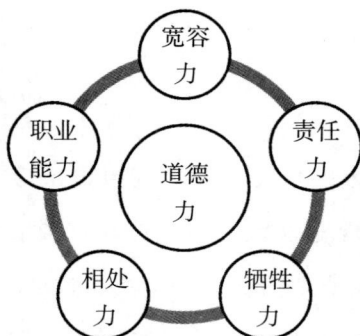

职场心领导力之道德力五要素

其实，员工的薪水，制订出规章制度，照章管理就可以了，为什么微软还要额外支付那么多本来不用支付的福利费用呢？这是因为微软高层在拥有权力的同时还在构建更具凝聚力的东西——道德力，其中就包括将心比心地为员工着想。

道德力是心领导力的核心部分，是在人与人之间形成的一种非权力的无形的影响力。拥有道德力的领导会让那些想离开自己的下属难以做出决定，我们看到很多深陷困境的领导者身边仍然围绕着很多甘愿和他一起"受难"的下属，这就是他们的道德力在起作用。

道德力并不是说作为领导者必须有多么高尚的情操或者有多么大的善行，只要你能将自己善良富有道德的行为移植到下属身上，那么在你所领导的团队中就形成了这种无形的力量。比如，原谅下属的过错，主动为下属承担责任，将心比心地为下属的生活着想。甚至再细致一点，下属生病时给他放一天假，下属过生日时为他庆祝，对所有下属一视同仁，这些行为都会为你在下属心中加分。

曾国藩被称作曾圣人，可见其做人做事的成功，不仅修身齐家治国，还能平天下，在晚清乃至中国历史上都可以说是首屈一指的。曾国藩在为官做事、处理与下属关系方面，可以说是尽善尽美。

无论是在九江口败于石达开时，还是在破太平军后被朝臣参奏时，众多部下都对其不离不弃，甘愿一同赴难。可以说，这与他平时对下属如子侄的作风、责人先责己的习惯不无关系，否则这些人怎么会自愿投靠在曾国藩麾下，与其荣辱与共？曾国藩的老部下、后任两江总督的刘坤一曾说："曾帅无论有无帅权都永远是我的曾帅，他指向哪里我就打向哪里！"

权力的作用可能有失灵的时候，但是道德积累下的力量是无穷的，是永远存在的。优秀的领导者都会注意保持自己完美的道德形象。

俗话说："做人可以一生不仕，为官不可一日无德。"没有道德做后盾，即使凭借不正当手段爬上领导的位置，也会因为得不到下属的支持和爱戴而惶惶不可终日。

※**心领导力法则**※

道德是一个人立身于世的基础，尤其在利益交换的职场上，拥有道德力的人，更能占据人与人交往的主动权。心领导力在职场上的应用，最核心的部分便是用道德去感染和影响身边的人。

第十二章

社交从读懂他人开始

能设身处地为别人着想、洞察别人心理的人不必担心得不到别人的理解。在别人最需要的时候给予帮助，能抚慰其心灵，自然能获得其好感，并促使其以相同的态度对待你。

想钓大鱼，要知道鱼在想什么

在卡耐基的著作里，我们能找到这样一段话："钓鱼的时候，你会选择什么当鱼饵？你自己喜欢吃起司，就算将起司放在鱼钩上也钓不起半条鱼。所以，即使你很不情愿，也不得不用鱼最喜欢吃的东西来做鱼饵。"

我们在与人交流的时候，如果抓不住重点，提不起对方交流下去的兴趣，就算我们再优秀，表现再完美，见解再独到，口才再好，也是白费力气。因此，在人际交往中要保持这样一个原则：站在对方的立场上。就像钓鱼一样，想钓到大鱼，就应该像鱼一样去思考，知道鱼在想什么。做到这一点的方法很多，其中最有效的方法是在交流时多谈论对方，让对方成为话题的焦点。须知，人人都喜欢谈自己，这是交往中一条恒定的法则。

这一法则是说两个人在谈话的时候，双方都想掌握话语权，都希望话题围绕自己展开，都希望对方能够深切认同自己的观点和立场，这是人的本能。抓住人的这一心理，让它好好为谈话服务，往往能收到意想不到的效果。

既然人人都喜欢谈自己，那么在与人交流的时候，选择的话题不妨围绕着对方展开。三句话不离主题就一定能够迅速引起对方的兴趣，再适当地运用巧妙的恭维、衬托式的赞美，相信对方很难不对你心生好感。

有一位小伙子去一家知名公司寻求创业资金，偶尔看见老总办公室里放着几本金融投资方面的书，他眼前一亮，立马话锋一转，不再提创业资金的事情，而是与老总谈起了金融投资的话题。他不断地向老总抛出一个又一个专业的问题，态度诚恳，彬彬有礼。

这位老总从他的问题中敏锐地意识到，这个年轻人有着超出同龄人的见识，不由地对其产生了好感。两人热火朝天地聊着，从股票聊到外汇，从保险聊到期货。小伙子的问题始终围绕着老总历年的投资经历展开，老总自然答得不亦乐乎，两人聊着聊着都忘记了时间。

小伙子临走时给老总留下了一份创业计划书。几天后，他接到了老总的电话，问他什么时候有时间再来一趟公司，谈谈创业投资的事情。小伙子很开心，马不停蹄地赶了过去。经过几个小时的详谈后，他顺利获得了一笔丰厚的创业资金。

小伙子很聪明，他知道像老总这样的人肯定见过不少创业者。对于自己的创业项目，他虽然很有信心，可是那位老总并不是很感兴趣。为了引起对方的兴趣，他从侧面出击，让话题紧紧围绕着老总的投资经历，于是成功获得了老总的好感，创业资金的事自然就水到渠成。

当你想让别人接受自己的观点时，最好让话题围绕着对方展开，一步一

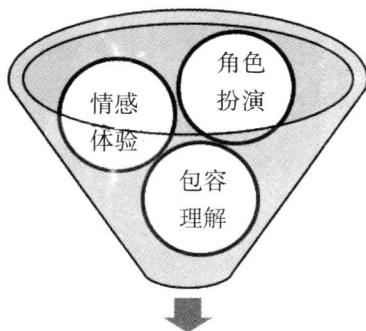

换位思考

换位思考三要素

步引入你想要表达的领域，不要过早暴露自己的意图。等对方对你产生了好感，放下戒备心理并对你有了一定的了解后，就会在不知不觉中接受你的观点。

一位知名人士在辞去了哈佛大学校长的职位后，转战商场，几年后积累了巨大的财富，成为了一名成功的商人。有人问他秘诀是什么，他笑了笑说："生意上的往来，并没有什么秘诀，最重要的是要专注于眼前同你谈话的人，那是对对方最大的奉承。"

谈话中，保持专注，围绕对方展开讨论，投其所好地谈论其感兴趣、珍爱的事物，这样能够让对方产生一种满足、愉悦的快感。一旦产生这种情绪，在对方的心中你的形象自然而然就会亲切起来了。如果你能够让这种情绪延续下去，让对方对你的信任与日俱增，那么你的目的就不难达到，成功自然也更容易些。

※心领导力法则※

话题紧紧围绕对方重视的、得意的、感兴趣的方面展开，这样的说话技巧往往既能够让对方感到快乐，又能够让自己获得对方的好感。在人际交往中，这可以说是一条无往而不利的法则。

像锁匠一样打开他人的心

不知道读者朋友是否见过锁匠开锁，一个让普通人束手无策的锁头，锁匠只需要三两下便能打开。不懂得其中奥妙的人一定会对此惊叹不已。外人看到的是锁匠三两下的摆弄，却不知在这背后有很多常人不了解的技巧。

锁匠们在拿到一把新锁的时候，往往会先听听它的声音，然后仔细观察锁的结构，敲敲打打，感觉一下，然后选择合适的方法，很快便可以将一把锁打开了。

在人际交往中，一个拥有较强心领导力的人也有类似的能力。他们了解一个人，不仅会察其言，观其行，还会全方位地一步步解读这个人，针对不同的人选择不同的交往方式。

生活中，人们通常会通过不同的方式将其信息传达给我们，有时通过眼神，有时通过语言，有时通过行动。我们需要做的就是，促使人们传达他们自身的行为习惯，然后仔细观察他们的反应，从中总结出他们的个性特征。

通常来说，每个人都有三种表达自己意念的方式：视觉系统、听觉系统和触觉系统。

对于那些主要利用视觉系统的人来说，毋庸置疑，他们倾向于以图像看世界。外界所呈现出的图像会很快烙印在他们的大脑中，使他们获得最大的感觉力。由于大脑中的图像一闪即逝，很不容易保存，他们需要跟大脑中的图像保持相当的步调，所以常常说话较快，因急于把大脑中的图像描述出来，不太会注意表达方式。这些人常用的表达方式有："这些东西看上去怎么样""呈什么样的形状""是大还是小""是远还是近""是明还是暗"等等。

那些听力强的人以听到的语言、声音来判断世界，这些人对他人的言语更加敏感，喜欢用语言来表达自己，与人交流。具体的外在表现是，他们说话的声音比较有节奏。这类人往往比较重视措辞，说话时通常比较慎重，他们的表达方式很特别，常常用听觉语言来表达，如"这听起来正合我意""我想大概就是这样吧""听起来一切都很顺利""我能听见你说的"等等。

至于那些触感强的人，因为他们主要是对触觉做出反应，对于身体上的接触非常敏感，所以格外喜欢或防备与人进行身体上的接触。

每个人都具备这三种感觉系统，但大多数人是其中一种系统占据支配地位。了解别人的主要感觉系统，有助于我们了解一个人，这是走入他人内心的关键。

阿雅在厨房做饭，男朋友在客厅玩游戏。忽然，男朋友的手机响了。阿雅听到男朋友问了对方一句是谁后，就立即放低了声音，她立刻感觉到有问题。

饭做好后，阿雅叫男朋友过来吃饭。正吃着饭，阿雅突然问刚才打电话的是谁，男朋友推说是同事，阿雅不信，要求男朋友把电话给她看一下。听了这话，男朋友立即放下饭碗，做双臂紧抱的姿势，缩起身体向阿雅笑称："有什么好看的，怎么连你老公也不相信？"

听了这话，阿雅不知道该如何回答，如果坚决要求看手机，男朋友一定会不高兴，如果不看，阿雅又不放心，直觉告诉她，男朋友一定在隐瞒着什么。

阿雅为什么得出这个结论呢？是男朋友下意识的动作告诉了她。其实，如果注意观察我们就能发现，大多数人在做这个动作的时候，是试图关闭内心，保护些什么。

如此说来，阿雅的猜测并非空穴来风。关键是男友心里到底在想什么，或者是意图掩盖什么呢？这就要结合其他信息来判断了，但至少从最初的判断来看，阿雅已经拨动了男朋友心锁里面的第一根锁舌。

敏锐的观察和正确的判断是走入他人内心的第一步，而在这之后，便是如何通过行为获取对方发自内心的信任，并最终达到想要的结果。

※**心领导力法则**※

走入人的内心如同锁匠开锁，一个步骤接着一个步骤，按照人的思维习惯逐步深入，最终一切难题都会迎刃而解，而心领导力的锻炼正是给予你这样的能力。

倾听，好人缘的起点

不少人认为，良好的沟通就是会说话，拥有好的口才就能无往而不利。事实上，完美社交中的沟通并不仅仅是有好口才那么简单，甚至在某些时候，为了让沟通更加顺畅，我们还要特意隐藏自己的口才。

有时，我们为了引起别人的注意，总是在表达着自己的见解、立场。我们滔滔不绝地说着想说的话，并自诩为谈话高手，而这样的我们，往往忽略了倾听的重要性。殊不知，倾听在沟通中是非常重要的，是体察人、进而深入了解人的重要方式。

作为一个合格的朋友，我们要耐心倾听友人的抱怨；作为一个合格的子女，我们要耐心倾听父母的唠叨；作为一个合格的爱人，我们要耐心倾听爱人的心声；作为一个提出问题的人，我们更要耐心倾听对方的解答。

因为，倾听比询问更重要。

在社交场合，一个善于倾听的人能够获得四个

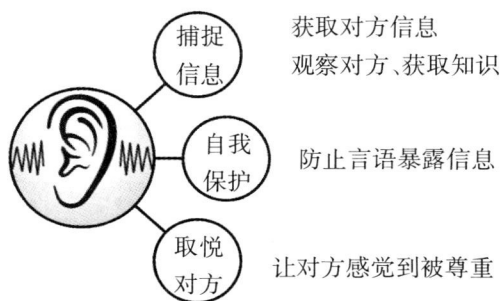

捕捉信息 —— 获取对方信息 观察对方、获取知识

自我保护 —— 防止言语暴露信息

取悦对方 —— 让对方感觉到被尊重

倾听的三大好处

好处。

倾听的第一个好处：由于我们自身的弱点或错误往往是通过语言暴露出来的，而处于沉默状态的倾听可以帮我们掩饰这些弱点或错误。譬如，在交谈时，我们某方面的知识储备有限，当别人恰好谈到这方面的知识时，我们若能恰如其分地保持沉默，倾听别人怎么说，就会把自己的无知隐藏起来。

我们对交谈中所讨论的问题如果没有经过认真思考，最好不要发表意见。保持沉默选择倾听，就暂时不用亮出自己的立场。因为一旦开始发言，就必须要阐述自己的见解。这样一来，我们就很可能会闹出笑话，甚至陷入被动。

孔德兰娜非常了解倾听对于自己的保护作用，她想买辆二手车，遇到了一个销售能力超强的业务员，他对顾客的一切问题应付得得心应手。当时孔德兰娜还没有拿定主意，而她知道，无论提出什么理由拒绝对方，都会被对方反驳掉。她明白，自己越是不开口讲话，这个有本事的销售员就越是拿自己没办法。

倾听的第二个好处：能够从别人那里学到东西。不论我们的社交对象是一个什么样的人、他总会拥有我们不了解的知识。相较于别的方式，从倾听中获取的知识，因其有一个具体的语境，更容易在大脑中留下深刻的印象，甚至可以永久地储藏在大脑中，以供在需要的时候随时拿来用。

倾听的第三个好处：帮助我们观察对方、了解对方。对方通过语言传递给我们的信息，并不是从最重要的信息，最重要的信息是我们在倾听中观察他人、研究他人得到的信息。谈吐反映着一个人的内心，如果我们能够在倾听的同时留意观察对方，就能够得到更多有价值的信息。

倾听是一种防御的姿态，而表达是一种进攻的姿态。我们在表达的过程中，往往会不自觉地表露出自身的个性和情绪。譬如，有些人说话逻辑混乱，这代表他的思维容易受到人影响；有些人喜欢夸夸其辞，说明这个人比较自大；有些人为了预防别人的观察，往往会有意降低语速，即便这样，我们仍然能够看出对方是一个谨慎的、防御性较强的人。

倾听的第四个好处：让谈话者感到被尊重，被重视。善于倾听的人应该知道，让他人获得被尊重的感觉并不是一件难事，只需让对方讲话就可以了。

人是社会性群居动物，大多数人喜欢向他人展示自己，而说话是最好最简便的展示方式，所以给人们快感的最切实有效的方法就是倾听他们说话。当我们从一个不善于倾听的人变成一个善于倾听的人时，会发现自己的人缘儿在不知不觉中变得好了。

当然，在倾听的时候，不能永远保持沉默，适当的表态会让倾听变得更有意义。倾听的时候，对说话人的话题有所表示，会让人感觉到其话语是有价值的，进而更加觉得受到了尊重。

※**心领导力法则**※

善于倾听的人往往擅长社交，倾听不仅仅是对语言的尊重，更是对自己和他人的尊重。懂得利用倾听而不是言语去打动对方，会让你的人际关系发生意想不到的变化。

读懂了眼神，也就读懂了人心

周国平先生在《父母们的眼神》一文中写了这样一句话："我不忍心看中国父母们的眼神，那里面饱含着关切和担忧，但缺少信任和智慧，是一种既复杂又空洞的眼神。"

眼神可以传递情感，中国父母看孩子的眼神都传达着一种对孩子的关切和担忧，爱之愈切，忧之愈深。通过眼神的变化判断情感的转变是一项重要的社交技能。一个具有一定社交能力的人往往善于通过眼神与人沟通，传递感情。

一双漂亮的眼睛能为容貌增彩不少，诗经中说："巧笑倩兮，美目盼兮"，《长恨歌》里更有"回眸一笑百媚生"的诗句。

一个人深层次的欲望和感情都会通过大脑投射到眼睛上。随着视线的移动、集中、放散，便会呈现出不同的心理状态。美国人类学之父博厄斯说："眼睛是灵魂的窗户，人的才智和意志可从中看出来。"爬上窗户可以看到屋内的情形，同样，透过眼睛可以窥探内心世界。

眼神不会像话语、动作那样骗人，它所流露出来的喜怒哀乐是真实无疑的。

在与人沟通的时候，善用眼神交流好处很多。首先，它具有很大程度的隐蔽性。两个足够默契的人只要一个眼神就能明白对方想要表达的意思，而不用担心被第三个人获知。其次，眼神交流具有可意会不可言传的效果。有些话不知该如何说出口，或者用语言无法准确表达，此时一个眼神就可以解决所有烦恼。譬如，当某个朋友遭到指责，而我们又无法替他开脱时，投以一个带有同情和抱歉的眼神，就能够让朋友体会到我们的意思。

下班时，周主管叮嘱小路不要走，有事与他商量。小路感到有些惊讶，将近来上班时做过的事像放电影一样在脑海里过了一遍，没有发现任何异常之处。他不由自主地紧张起来，不知道周主管找他到底是什么事。

当小路来到周主管的办公室，看到周主管沉静的眼神和略带微笑的面容，小路紧张的心终于放下了。周主管向他透露了一个好消息：鉴于他工作业绩出色，公司领导层正在考虑提拔他做市场部主管。

小路紧张感的消除缘于周主管沉静的眼神。当时虽然不知道主管找他到底有什么事，但是当他看到对方那沉静的眼神和略带微笑的面容时，紧张情绪一下子消除了，这说明通过眼神的交流能预先判断出事情的好坏。

为什么眼神有如此大的作用呢？这是因为一个人心理活动的变化很容易通过眼神流露出来。比如，人愤怒的时候，瞳孔会放大，眼神会变得锐利，也就是所谓的怒目圆睁；人愉悦的时候，眼神会变得充满光芒，并带有浓浓的善意。

在与人交流的时候，眼神可以带给我们两个好处。一是通过观察分析他人的眼神，能够得到更多有价值的信息；另一个是通过眼神的交流，我们可以传递某些信息。后者正是我们在这里要强调的。人们常用的眼神交流方面大致有五种，分别是接纳法、恋视法、回视法、传意法和调节法。

接纳法指的是一种情感上的接纳，当别人注视我们的时候，我们以友情的眼神对视，这就代表一种接纳。反之，当我们面无表情或回避他人的视线时，别人就知道我们是在拒绝了。

恋视法指的是当我们长时间地以温柔友善并意味深长的眼神注视着对方时，就代表着一种眷恋和欣赏。如

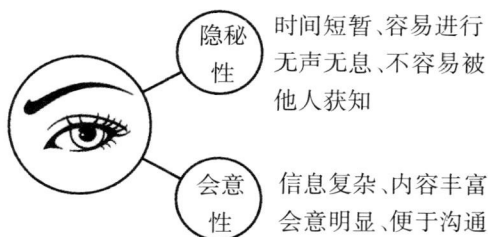

隐秘性　时间短暂、容易进行无声无息、不容易被他人获知

会意性　信息复杂、内容丰富会意明显、便于沟通

眼神交流的两大特性

果对方也以同样的眼神注视我们，就说明彼此之间有进一步交往的可能。

回视法指在我们转身的时候，回过头来注视对方。在告别的时候，一步三回头或边走边回头，即表示留恋和诚挚的友爱。

传意法指的是用眼神传递某些特殊的信息。比如，当我们想要表达抱歉时，以饱含歉意的眼神注视对方带有愠色的眼神，然后立即转移，就能够表达出"对不起，我不是故意的"的意思；当我们想要表达拒绝的意思时，最好给人以深深而坚定的一瞥，意思就是"我不喜欢这样"。

调节法是指用眼神来调节或暗示谈话内容。比如，在谈话将要结束的时候，我们用一种带有询问的眼神望着对方的眼睛，表示在疑问"我说得对吗？"如果对方还之以微笑或点头，表示赞成；如果对方没有表情或目光暗淡，表示可能持有不同的意见。

当你学会用眼神向他人传递信息，便能够通过眼神与对方进行心灵上的交流，而这种眼神的交流往往比言语更温暖，更能打动人。

※心领导力法则※

眼神传达的信息量非常大，既能够为我们所捕捉，也能够为我们所使用。善用眼神交流，传递一些只可意会不可言传的信息给社交对象，当对方以同样的眼神回视时，双方就会有一种惺惺相惜的感觉。

平等对待每一个社交对象

意大利作家乔治·埃罗奥特在她的小说《费利克斯·霍尔特》中有这样一段描述："当你面前的盘棋中所有棋子都富有主观意识时，

它们不但充满智慧而且个性十足，而你又对自己和对手都不甚了解，那么你这盘棋的结局就可想而知了。你的士兵会偷偷地移到一个新的领地去，你的丞相令你的将军十分恼火，你的皇后和国王整天闹矛盾，而你的炮兵又总是擅离职守，那你该如何处理呢？如果你的棋子全部因为它们只是你手中的棋子而憎恨你，并离开它们被指定的营地，那你可就惨了，这盘棋你必败无疑。你可能会认为输掉的原因有很多。但是，请记住，真正摧毁你的是你自己的棋子。"

从这段话中，我们可以悟出这样一个道理，在社交活动中，与人融洽相处是关键性的一步，否则双方的交往必然以失败而告终。

我们知道，融洽的关系来自于有效的沟通并达成共识。然而，人和人是不同的，这种共识的达成不是必然的。在实际交往中，个性决定了人与人之间很容易产生的是分歧而不是共识。尤其在提倡个性化的当下，人与人之间的差异越来越大，沟通起来也就越来越困难。然而，社交活动是每个人生活中不可或缺的一部分。为了让社交更顺畅，我们必须与不同个性的人达成共识。那么，我们该如何开展有效的社交活动呢？

对于有个性的人，我们一味强调自己的个性肯定是不行的，需要树立一个形象，并通过这个形象营造出适合交流的氛围，让社交对象巧妙地融入到这个氛围当中，而这个氛围的核心是平等。

社交氛围是一种看不到、摸不着的东西，但可以确定的是，社交氛围是在人与人之间的不断交流和互动中逐渐形成的，没有互相之间的交流互动，氛围就无从谈起。

说到互动和谐的交流气氛，恐怕这个世界上没有哪个企业能够比得过安利公司。安利公司是非常注重内部组织氛围的一家企业，在安利内部，上至决策集团，下至销售团队，都有很好的交流沟通文化。

安利的亚太区人力总监罗迪克是一个员工沟通专家，深受爱戴，声望非常高。员工或许会觉得自己的部门存在某些问题，但是从不觉得罗迪克做得不好，这是因为罗迪克有两个信条：

第一，人力资源管理的价值在于它能够创造和提高整个企业的组织绩效，即帮助企业所有员工解决问题，让他们的才能向着达成企业经营战略目标集合而成的整体力量靠拢。

第二，每个人只能自己管理自己，就算领导也不可能手把手地为他人做决定。当你看到某人被你"管理"得很好时，那只是他自己在管理自己。因此，一个好的领导所要做的事就是和员工进行沟通，达成共识，让员工明白公司想让他们怎么做，并在沟通时是非分明，与人为善，将心比心。

正是因为有罗迪克这样的人力总监，安利集团才营造了一种自上而下的良好的沟通氛围。这一切对于一个靠直销起家、靠一个个业务员的成绩成长起来的安利集团来说，其重要性是不言而喻的。

社交其实就是一个追求彼此认同的过程，需要勇气、耐心和个性恒定。勇气让我们敢于舍去自己的执着，站在他人的立场上考虑问题；耐心让我们认真倾听，虚心接受他人的意见；个性恒定让我们不至于受他人的情绪所影响，不人云亦云。

人是有感情的，彼此关系融洽了，不说话也能心意相通，一个手势、一个眼神就能传达完整的意思。说错了话也不要紧，彼此笑一笑，依旧能理解话中的意思。如果我们能够实现与他人心意相通，那么一切问题就都不是问题了。

※心领导力法则※

在社交中保持正确的态度，平等对待每一个对象，可以轻而易举地解决双方之间存在的任何问题，社交活动也会变得容易很多。懂得这个道理，我们就可以在社交中更好地把握分寸，顾及他人的感情，从而更容易和对方达成共识。

亲和力能"杀"人于无形

心领导力在家庭层面表现为和家庭成员的亲密力，在职业层面表现为职场上的道德力，在社交领域则表现为一个人的亲和力。

亲和力是与人为善的力量。一个有较强亲和力的人往往能够给人一种如沐春风的感觉，让人乐于与之交往，乐于聚拢在其身边，在不知不觉中便形成了一种魅力。

麦肯锡公司的第一位合伙人安德鲁·科尔尼曾经提出这样一个公式：社交能力=管理能力+亲和能力。生活在 20 世纪初期的科尔尼，在那个尚不重视工人权益的年代，能够提出这样的观点，足见他的远见卓识。

当然，你可以说科尔尼这个观点不是为了工人提出的，但是，无论如何，科尔尼给我们带来了一个启示，那就是个人的态度与社交的效果是成正比的。

亲和力简单来说就是一个人容易接近的程度。一个人的亲和力越强就越容易接近。一个人是否容易接近直接关系到他人是否愿意与之进行真诚的交流。一个冷若冰霜、拒人于千里之外的人，除非是被强迫，否则是没有什么人愿意与之交流的。有亲和力的人则不同，因为他容易接近，所以也就容易获得他人的好感。如此，在之后的沟通中，别人自然愿意提供真实的信息。

有的人靠穿金戴银来显示自己的所谓高雅，有的人衣着简单朴素却显得清新脱俗，其实，无论一个人怎样装饰自己，只要拥有干净的外表、温柔的亲和力，身边就一定能吸引三五知己。

很多时候，良好的亲和力能够带来意想不到的好处，它不仅能让你收获更多的友情，感受到人与人之间的关爱与温暖，还能使你收获更多优质的人脉，从而获得千载难逢的机会。

1964年，68岁高龄的土光敏夫就任东芝董事长，他不带秘书，独自一人遍访东芝散设在日本各地的三十多家工厂。身为一家大型公司的董事长，步行到工厂已实属罕见，更加让人想不到的是，他常常提着一瓶一升装的清酒慰劳员工，与他们共饮。这让员工们大吃一惊，有点不知所措，又有点受宠若惊。没有人会想到一位董事长会提着笨重的清酒跟员工们一起喝。因此，东芝的员工们亲切地称土光敏夫为"拎着酒瓶子的大老板"。

土光敏夫平易近人的态度使他和员工建立了深厚的感情。即便是星期天，他也会到工厂转转，与保卫人员和值班人员亲切交谈。他曾说："我非常喜欢和我的职工交往，无论哪种人，我都喜欢和他交谈，因为从中我可能会听到许多创造性的语言，获得巨大收益。"

的确，土光敏夫通过对基层员工的走访，不仅获得了宝贵的第一手资料，弄清了企业亏损的原因，还获得了许多有价值的建议，更重要的是赢得了员工的好感和信任。

我们生活在这个世界上，每天都要与不同的人打交道。无论我们从事什么类型的工作，都需

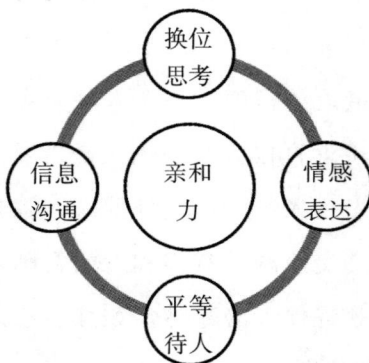

社交心领导力之亲和力四大要素

要一定的社交能力，而良好的社交能力能够让我们的事业更顺利。一个具有良好亲和力的人必定会有很好的人缘，容易得到同事的支持和领导的赏识。既然亲和力有如此大的魅力，那么应该怎样提升自己的亲和力呢？

第一，态度要沉稳和气。亲和力是一个人无形的魅力。"魅"自何处？在于"亲"与"和"，主要表现为内在的气质。很多时候，一个笑容，一句话，就能让人倍觉亲切，进而使对方提高对我们的信任度。

第二，注意与人交流时的语气。交流需要亲和力做支撑，这样才能让话题亲切起来，进而将语言的魅力发挥到极致。

第三，不迷信自己的个人魅力。过于相信自己就是迷信，迷信自己的人会不由自主地回避和抵制批评，甚至难以容忍不同的意见，这样的人是很难受人欢迎的。

第四，保持轻松的心情。保持一份轻松的心情，会让我们的气场变得更加柔和，能让与我们接触的人感觉到我们的魅力。如果我们总是一副烦躁不安的样子，那么即便内心再懂得亲和原则，别人也不会靠近我们半步。

第五，与人打成一片。在与他人一起活动的过程中，最能实现感情上的互动。了解他人的需求，加深和他人的感情，这些都有益于我们获得良好的亲和力。

总之，在与人交往中，亲和力是获得他人信任的筹码。拥有亲和力就等于是掌握了打开人心的钥匙。只要能够正确运用亲和力，我们就能在人际交往中获得更大的胜算，进而获得我们想要的东西。

※**心领导力法则**※

有些人恐惧与人交往，这主要是由于心领导力比较弱，亲和力不够，进而导致沟通失败造成的。如此恶性循环，最终完全把自己封闭起来。因此，平时一定要注意培养自己的亲和力，这是一个人重拾社交信心重要的一步。

第十三章

人在社会中，社会便是人

亚里士多德说："离群索居者，不是野兽便是神灵。"我们自然不是神灵，但也不想做野兽，所以还是不要做孤僻冷漠的离群索居者了。既然我们无法孤僻地活着，那么如何与他人相处就显得尤为重要，而心领导力强的人往往更容易获得来自于他人的温暖。

成功不是自燃，要先点亮自己

一个好汉三个帮，没有谁可以完全靠自己的力量获得成功。任何成功者都需要其他人的帮助，尤其是面对一些自己无法解决而对于他人不过是举手之劳的问题时。

读者可能要问，这些成功人士怎么会这么走运，在每个可能出现问题的领域都有朋友在？答案是，并不是这些领域有他们的朋友，而是他们主动去结交不同领域的朋友，也就是说，他们并不是完全按自己的兴趣和喜好来结交朋友的。很多时候，这些人会有意结交一些"有用"的朋友。

人为什么需要交往呢？人际关系学家认为，尽管每个人的交往动机各不相同，但最基本的动机就是为了从交往对象那里满足自己的某些需求。实际上，人际交往中的互惠互利是合乎社会常理的。这样一来我们就明白了一个道理，想要获得更多社交资源，就必须让自己变得有价值，因为只有我们对别人有价值，别人才愿意和我们交往。而一个对别人有用的人，他的社交面会越来越广，做事成功的概率也就越大。

1775 年春天的一个早晨，马萨诸塞殖民地首府波士顿的英国军营活动突然变得频繁起来。一个在军营里做事的当地人偶然听到两名英军军官的对话，对话中频繁出现"惩罚"、"教训"这样的字眼儿，这让他顿时警觉起来。他赶快将这个消息传递给一个叫保罗·里威尔的银匠。里威尔稍一思索便认定，英国人要对北美民兵动武了。他立即跳上马背，沿着大路向西北狂奔，因为那里有反抗英国殖民统治的两位领袖约翰·汉考克和萨穆埃尔·亚当斯，还有北美民兵存放武器的军火库。

里威尔开始了美国历史上著名的"骑马夜行"，他穿过查尔斯顿、麦德福德、北康桥、麦诺托密等地。每到一个地方，就将当地的民兵领袖叫起来，告诉他们英军要打来了，并让那些领袖们组织民兵抵抗。

3个小时后，兰开斯特市（今林肯市）的民兵武装起来；5个小时后，萨德伯里市的民兵得到了消息；7个小时后，40英里外的安道弗市做好了战斗准备；到了早上9点钟，甚至遥远的伍斯特市都得到了消息。

又过了10个小时，英国人才开始向莱克星敦的军火库进军。他们刚刚离开波士顿就遭到了当地民兵有组织的抵抗。美国独立战争就此打响，而"骑马夜行"成为独立战争的开端，及时通风报信的里威尔则被视为独立战争的英雄永载史册。

然而，如此荣誉仅仅是因为里威尔碰巧传递了一条偶尔听到的信息吗？事实并非如此。其实，在里威尔从波士顿出发的同一时刻，还有一匹马奔向远方，骑马者是一个名叫威廉·戴维斯的年轻人。他和里威尔的使命一样，传递英军进攻民兵的信息。里威尔骑马奔向西北，戴维斯则奔向正西。与里威尔不同的是，戴维斯没能点燃一路上的"火焰"，他跑过的村庄的民兵并没有被组织起来。次日，当英军进攻当地最大的城镇——沃尔瑟姆镇时，只有零星的几个民兵被动应战。

里威尔能及时唤起一股强大的抵抗力量，戴维斯却没有做到，这是为什么？历史记载，里维尔虽然是一个银匠，却是波士顿的活跃人物，兴趣广泛，广交朋友。他活跃在当地的共济会，还是几家社交俱乐部的成员。同时，他还是个热心肠，经常为他人提供帮助。前一年波士顿引进首批路灯时，里维尔就是这件事的负责人之一。当需要规范波士顿市场时，里维尔又被任命为市场管理员。

1773 年，北美人民为与英国殖民者对抗先后成立了许多组织，里威尔就是一个重要组织的联络员。由此可见，里威尔的成功在很大程度上是因为他有着强大的社会影响力，而他的影响力来源于自身的价值。戴维斯没有这样的价值，所以也就没有这样的影响力，当然很难点燃自己的传奇之路。

个人价值是形成人际网络最核心的因素，价值越高的人对他人越有用，越能够影响他人。换句话说，一个拥有极高个人价值的人必然会拥有强大的影响力。

心理学家认为，人都有一种安全心理，青睐那些具有影响力的人物。一个人拥有非凡的影响力，大家就愿意相信他，跟随他，与他一起成就一番事业。可见，对于一个成功者而言，拥有过人的影响力是不可或缺的因素。

世界那么大，纷繁又复杂。每个人都想尽可能多地获取社会资源，而这种资源的获得往往需要一定的人际关系。如何认识并拥有这种人际关系，关键在于一个人社交能力的强弱。

成功不是随机自燃，更不是天上掉馅饼。想要成就自我，首先要点燃自己，让别人看到耀眼的你，之后才有可能聚拢到你身边，你才有可能拥有想要的人际关系，进而获得想要的资源。

※心领导力法则※

社会由人组成，人与人之间构成了复杂的社会关系。我们在社会上立足的关键在于获得社会资源和社会关系。心领导力强的人懂得首先提升自己的价值，通过点燃自己照亮别人，进而吸引别人走近自己。

构建人际关系脉络图

1860 年，一个 6 英尺 3 英寸高的肯塔基人住进了美国总统府，成为美国第 16 任总统，也是共和党历史上第一位总统，他就是亚伯拉罕·林肯。

林肯在维护美国统一的基础上废除了奴隶制，也因此被誉为美国历史上最伟大的总统。今天，人们在传颂林肯伟大功绩的同时，也会顺便描述一下他早年贫寒的家境，以及个人对现实的抗争。

依靠个人奋斗成为这个国家的统治者，林肯似乎成了励志的典范。然而，林肯的成功真的是完全自己的努力吗？林肯的个人能力和奋斗意志是毋庸置疑的，但是在其成功的过程中，人际关系也是非常重要的一环。

在林肯竞选总统的过程中，得到了一位名叫杰西·费尔的人的鼎力支持。费尔是当时美国中部的大富商，经营范围涉及土地买卖、建筑工程以及铁路。费尔在商界和政界颇有影响力，他的支持为林肯带来很多优质的政治资源。

杰西·费尔之前并不认识林肯，不过他有一个名叫罗伯特·托德的朋友是肯塔基银行的行长，托德有个女儿名叫玛丽，玛丽在 24 岁的时候嫁给了一个小律师，这个律师就是亚伯拉罕·林肯。

如果没有杰西·费尔的支持，林肯很可能会在与威廉·西华德的党内初选中就败下阵来。

其实，历史上很多成功者的背后，都有一些不为人知的支持者。或许是害怕披露出这些支持者会弱化成功者身上的光环，历史学家们总是对这些支持者讳莫如深。但是在笔者看来，利用人际关系获得支持，本身就是一种成功；能获得别人的信任，本身就是一种无上的光荣。那么，我们该如何获得这份无上的光荣呢？

1960年，美国社会学家史泰林·米勒格曼总结出一个人际关系法则——六步联系法。所谓六步联系法指的是，人与人之间并不存在绝对的隔阂，只要路径正确，即便是乞丐和总统也能够用六步联系法联系起来。由此可见，良好的人际关系网是可以人为搭建起来的。

那么，成功者是如何搭建自己的关系网的呢？

人与人的社会关系就像是一张结构图，可以通过一条条清晰或不清晰的脉络连接起来，而如何画出这张人际脉络图，则是搭建人际关系网的关键。我们不妨分五个步骤来做。

第一步：确定人际关系群体。

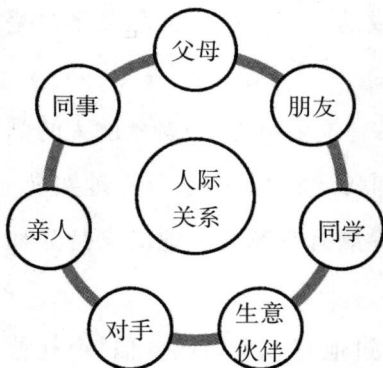

人际关系网络图

读者可以想一想，给自己的定位究竟在哪个领域。你的起点是大公司还是中小公司？你自己感兴趣的行业是什么行业？你觉得自己在该领域有哪些限制？根据这些内容，列出一份联系人名单。

第二步：征求意见和建议。名单确认好后就要付诸行动，主动与这些人取得联系，在交流的过程中尽量简短概括你的背景和所具备的能力，然后开始征求他们的意见和建议。时间一长，你的人际关系的基础框架就出来了。

第三步：及时向对方表达谢意。当对方抽出时间给你提供建议后，一定要在第二天对所接触的这些人表达谢意，包括与你谈话的对象，以及在这个过程中接触的所有人。这样才能让对方看到你的真诚与细心，也向他人证明了你是一个值得交往的人。

第四步：定期联系。在科技高度发达的今天，通讯方式多种多样。当你为自己的人际关系网画出一个稳定的结构图后，一定不要忘了及时跟进。

第五步：让人际关系网保持一定的活跃度。当你的人际网络图完成后，一定要记得不论何时都要让自己保持在网络图中最活跃的位置，因为关系越走越活。如果你总是默不做声，以为人际关系网络确定后就可以逍遥自在了，那就大错特错了。一定要让人际关系网络活跃起来，这样你们之间的关系才会始终保持亲密。

除此之外，想要让人脉资源及时充分发挥它的价值，还有一点很重要，那就是每隔一段时间对人际关系网络进行一次整理（关于这一点，可以参见附录中的麦凯人际关系档案）。比如，是不是认识了新朋友？哪些朋友好久没联系了？哪些朋友升职了该表示祝贺？哪些朋友最近遇到了一点儿麻烦需要帮助或者安慰？统计估量一下，做到心中有数，以便指导并修正下一步行动。

经营人际关系网需要有耐力和恒心，因为这是一项长期而复杂的工作。需要淘汰的就及时淘汰，同时也要及时添加和丰富新资源，及时更新信息，不断升级自己的人际关系网络，如此才能令其发挥最大的作用。

※心领导力法则※

良好的人际关系是一个人成功的有力保障，而这种社会关系的构建并不是一蹴而就的，而需要我们努力打磨。掌握一定的人际交往技巧，坦诚相对，持之于恒，建立良好的人际关系指日可待。

重视每一个帮助他人的机会

美国社会心理学家马斯洛提出了需求层级理论。这个理论是现代人本主义的核心支撑，并对社会关系学、管理学等多个学科产生了极大的影响。

简单来说，马斯洛的需求理论指的是，人类的需求像阶梯一样从低到高分为五个层级，分别是生理需求、安全需求、社交需求、尊重需求和自我实现需求。这五种需求是逐次被满足的。当一个人的生理需求，如饮食、住房、医疗解决之后，便开始追求下一层次的安全需求，如更健康的饮食、更良好的居住环境等。

在这五个需求层级中，最不容易满足的是最后一种——自我实现的需求。什么是自我实现呢？就是实现个人理想、抱负，将个人的能力发挥到最大程度。自我实现的途径在很大程度上依赖于一个人所扮演的社会角色。

人是社会化的动物，自我实现不可能脱离社会而独自完成。我们看到被称为英雄的人物，他们可以说达到了这一层，但英雄不是凭空来的，需要很大的奉献精神，需要承担重大的社会责任。换句话说，人想要达到最高的需求，就不能光想着自己，要懂得肩负社会，帮助他人。

试想一下，当我们帮助朋友完美地解决了一个让他束手无策的问题时，内心是否会油然升起一种自豪的感觉，这也可以说是一种简单的自我实现。

从人本主义理论来说，帮助他人也是在实现自己的价值，而我们提倡心领导力的塑造，正是根源于人本主义。

关于帮助他人，还可以从另外一个角度来分析。从社会资源互换的角度来看，帮助他人实际上是一种人脉的积累。有效的利用人情债，我们的人脉就会迅速宽广起来。例如，我们帮助别人解决了一件棘手的事情，劳心劳力，只为了得到对方的感激，从而期待在以后自己需要帮助的时候，对方能及时伸出援助之手。因此，抓住身边每一个帮助他人的机会，那么我们的"人情债"就会越积越多，未来的路也会越走越平坦。

2010 年贺岁档，一部名为《72 家租客》的电影风靡一时，取得了票房佳绩。这部《72 家租客》是翻拍的 20 世纪 70 年代的著名电影《72 家房客》，剧本和故事情节新意不多，之所以能够取得成功，关键在于电影的全明星阵容。

袁咏仪、林峰、黄宗泽、谢天华、林雪、钟嘉欣、胡杏儿、李灿森……一大批香港一线演员倾情加盟，而剧中和曾志伟演对手戏的男配角，居然是歌王张学友。一百七十多人的全明星豪华阵容，电影想不火都难。对于如何能够邀请到如此众多的明星大腕，曾志伟坦言，靠的是刷自己的人情信用卡。

曾志伟说："很多人接到我的电话，当即就答应来拍，根本就没问到底演几天、演什么角色、有多少钱。出来混，都是要还的。我在香港演艺圈混了 20 多年，我现在在刷自己的人情信用卡。以前，我也帮别人刷过卡，现在有的人是来还的。"

曾志伟说得不错，人情如同信用卡一样，你往里面加注资本，等自己需要帮助的那一天，自然就能够从中取出丰厚的"利息"来。

20世纪90年代，已经小有名气的曾志伟出影最多的一年有几十次，大多数为友情客串。虽然拿不到什么钱，却为曾志伟的人情信用卡里加注了足够多的资本，而这些人情资本，在后来得到了回报。试想，如果不是曾志伟担纲导演，那么想把这一百七十多位明星聚集在一起几乎是不可能的。

生活中总是会出现各种奇妙的因缘。也许，你不经意间帮助过的一个人，在你未来的人生中将会起到决定性作用。既然这样，为什么要放弃帮助身边的人呢？

《致信加西亚》的作者阿尔伯特·哈伯德曾说："聪明人都明白这样一个道理，帮助自己的唯一方法就是去帮助别人。"帮助别人解惑，自己获得知识；帮助别人扫雪，自己的道路更宽广。帮助别人，同样会得到别人友善的回报。

人情的积累需要放宽心中设定的等级限制，用真诚获得对方的信任。如果我们能够重视身边的每一个人，对我们将来的发展将大有裨益。帮助他人是立足社会、实现自我价值最重要的方法，这样做不仅能够给他人带去温暖，也能让我们感觉到快乐。

※**心领导力法则**※

人脉资源建立在互相提携与帮助上，这种对他人承担责任、付出的行为构成了社会最核心的正能量。

提升你的隐性价值

一起毕业的大学生，几年后，有些人平步青云扶摇直上，有些人则默默无闻泯然众人；一起进入公司的一批员工，几年后，有些人获得领导的信赖成为公司不可或缺的人才，有些人则始终在底层打拼，最终黯然离职；一个时代的人，有些人拥有极高的社会地位，一呼百应，有些人却平庸半生，无人理会。

出发点相同的两个人，在进入社会后可能拥有截然不同的人生，这种差异的根源不在于家庭，不在于智力，不在于出身，而在于自身的价值。

一个人如果有价值，身边聚拢的社会资源就会越来越多，结交的朋友也会越来越多。相反，一个人如果没有价值，自然也就没有人愿意靠近他。

提到人的价值，或许你的第一反应是这个人掌握的社会资源，包括权力、金钱、人脉等等，但这些并不是我们在这里讨论的内容，我们要讨论的是一个人的隐形价值——口碑。

我们总说与人交往要做好"首因效应"，即给人一个好的第一印象，比如长相、穿着、话语、礼貌等等。然而，大多数时候，我们与人交往时，遇到的是一些熟悉的陌生人。所谓熟悉的陌生人，指的是虽然没有打过交道，但是能够从身边的人那里获取他们的信息，在见面之前就已经有了初步的印象。这个印象实际上比我们所说的第一印象对我们的影响更大。

所以说，一个人在他人眼中的形象是至关重要的。在他人眼中的形象，便是这个人的口碑。

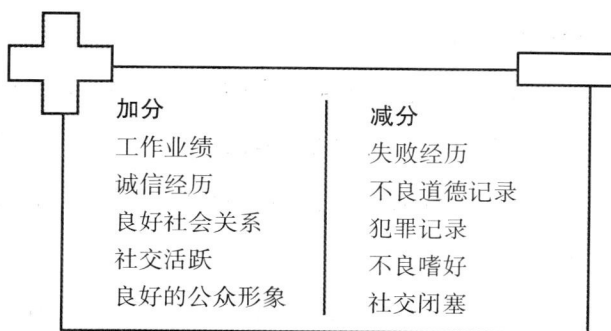

加分	减分
工作业绩	失败经历
诚信经历	不良道德记录
良好社会关系	犯罪记录
社交活跃	不良嗜好
良好的公众形象	社交闭塞

导致个人口碑加分与减分的项目

口碑看不见，摸不着，却又确确实实是十分重要的价值体现，因此称之为隐性价值。

朋友最常评论你的话是什么？你对他人经常说的一句口头禅是什么？这些你给他人留下的"印记"，便是口碑树立的一种象征。说白了，也就是自己的"名"和"姓"，以及在日常生活中给他人留下的印象，并由此产生的联想。比如，提到李白，我们首先想到的是诗、酒、浪漫；而提到武大郎，首先想到的是炊饼、侏儒、懦弱。

专门为企业家和高层管理者提供个人辅导的休斯顿·希勒国际公司总裁乔·希勒认为："个人品牌向他人传达一种积极的期望，它是对别人的承诺，是你在受众中的首要印象。个人品牌的效用非常强大，一旦形成，很难受到挑战和竞争。"因此，只有保护好我们的个人品牌，才能吸引更多人的注意。

20 世纪 80 年代，郝音在英国获得酒店管理硕士学位时，从来没有想过自己有一天会在电子产品领域闪耀光芒，并且成为某国际品牌电子消费中国区唯一的女性掌门人。

竞争对手曾这样评价她："郝音这个名字在这个行业里可是响当当的。"而在郝音自己看来，个人口碑不仅仅是知名度，而应该是由个人的很多素质累积起来的，这其中就包括你的优势、能力、经验和工作风格。

郝音认为，想要在社会上树立独特的个人口碑，首先要明确自己的优势所在。而她的优势是在数字方面，特长就是分析数字，从中看到问题和机会，这也是为什么自己会在不同的行业里受到老板器重的一个重要原因。

不论是上市公司的财务部长，还是回国后的管理顾问，只要是她负责的案子，不论规模大小她都会尽全力将之做好。她说："我要让别人觉得我是值得信任的。"后来，她出任该品牌亚太区某部主任，并努力树立个人口碑。经过多年努力，她终于走到了辉煌的今天。

当今社会，对一个人的判断越来越取决于大众对其的印象，例如通过看他人给这个人贴上的标签，就能很快了解并分析这个人，这些标签便是他人对这个人的印象。他们看到的行为越独特，你的品牌对他们来说就越好定义。换言之，个人口碑越能满足他人的需求，就越容易获得他人的青睐，从而获得更好的发展。

在如今这个以自身形象彰显口碑的社会中，建立个人口碑非常重要。它可以让你在工作中得到大家的尊重，也能积累自己的无形资产。因此，一定要有建立个人口碑的意识，这样在关键时候，它就会成为你前进的动力。

※**心领导力法则**※

聪明也好，平庸也罢，在步入社会的一刹那，大多数人在此前积累的一切都会瞬间清零。一个进入社会的新人，财富、关系、权利、地位需要一点点的获得，这当中自然也包括对人生影响极大的口碑。

成为一个有影响力的人

社会学导师拿破仑·希尔在研究成功的关键因素时，提出了一个黄金定律——一个人如果有较强的影响力，心态积极，待人得体，那么他的人生就等于成功了一半。

拿破仑·希尔的理论告诉我们，影响力和社会关系在很大程度上决定了一个人的成败。我们怎样对待生活，生活就会怎样对待我们；

我们怎样对待别人，别人就会怎样对待我们。

心理学专家更是明确指出，谁能用更积极的情绪代替负面情绪，给他人留下好印象，进而树立起令人尊重和信赖的个人形象，谁就能成更容易一番事业。以上几点，总结起来便是，影响力决定一生。

心领导力最后一环便是通过心态、情绪和行为上的自我调整、自我规范，让自己形成较强的影响力。有人认为学历是成功的关键，有人认为财富是成功的关键，也有人认为运气是成功的关键，但是通过本书，读者朋友应该了解到，心领导力才是一个人成功的关键，而它最直接的体现在影响力方面。

很多有成就的人曾经的学习成绩和专业能力都不是行业顶尖，甚至有些大企业的创始人并没有在高校学习的经历。2001 年，全球亿万富豪排行榜前 5 名中，有 3 名是大学没读完中途退学者。他们分别是排名第一的比尔·盖茨（退学原因不是功课不如意，而是觉得哈佛的功课无聊）、第三名的保罗·艾伦（因创建微软而退学）、第四名的劳伦斯·埃里森(甲骨文公司创始人，读过三个大学未获一张文凭)。

其实，比尔·盖茨不仅智商高，情商也不低，他把情商和智商很好地结合了起来。在成为世界首富之前，比尔·盖茨就已经在硅谷创业圈乃至美国社会形成了极高的个人影响力。无论他打算做什么事，总能顺利找到支持者与追随者。

曾经有记者问比尔·盖茨是否能白手起家再造一个微软公司。比尔盖茨说能，但是有一个条件：要带走微软公司一百个人。他没有说要带走厂房、机器设备，而是选择了人。能把这些人聚拢在自己身边，靠的就是他无与伦比的影响力。

既然影响力如此重要，那么应该怎样打造自己的影响力呢？有研究者随机选择了一些成功人士，搜集他们身边人的评价，最终得出了几个出现频率非常高的关键词：自信、信用、言行以及权威。

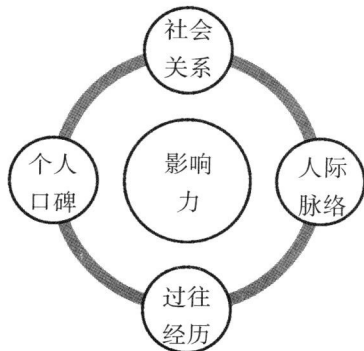

自信被认为是构成影响力最重要的因素。1796 年，拿破仑刚接手衣衫褴褛的意大利军团时只是一个 27 岁的准将。仅仅几个月之后，拿破仑就带着这支"乞丐部队"翻越阿尔卑斯山，完成了一个在当时看来不可能完成的任务。拿破仑的成功就在于他有着绝对的自信，而且还将自信的种子播撒给手下的每一位士兵。当一个人做事畏畏缩缩时，别人很难信任他，更不用说把自己的前途托付给他，这样的人是不具备什么影响力的。

信用是打造影响力最好的标杆，即便是一个什么都没有的人，只要他能够说到做到，也能够在人群中拥有非凡的影响力。

一个人的言行往往决定着他留给别人的印象，拿捏得恰到好处的腔调、富有说服力的语言以及富有感染力的行为，这些都可以让人具有非凡的影响力。查莫特是一位成功的股票经纪人，为数十位千万富翁管理资产。当他还是个初出茅庐的大学毕业生的时候，就能成功地说服那些有钱的老板将钱放在他的手中。查莫特所取得的成就在很大程度上得益于他那富有感染力的语言。

树立权威是缔造影响力的最有效手段。当我们处于病痛之中时，医生的话对我们的影响力超过了法官的判决书，这是因为在这种情况下医生是权威，我们不能不相信。当一个人具有了某些领域的权威身份时，在该领域就自然而然地拥有更多的话语权，也就更容易产生影响力。

自信、信用、言行以及权

社会心领导力之影响力构成四要素

威，这四个方面共同作用才能形成一定的影响力。它们会在人与人之间产生根本性的差异，会把人分为值得信任的人和相信别人的人。前者在人群中的数量要远远少于后者，但获得成功的机会要远远多于后者。

在日常工作中，我们不难发现，有的人智商高，判断力也好，却一直没有取得什么成就；而有的人智力一般，技术也不属于顶尖级别，却出人意料地取得了令人羡慕的成就，归根结底，两者的差别就在于对他人的影响力。

※**心领导力法则**※

谁都无法脱离社会而生存，要想获得事业上的成功，实现人生的价值，离不开当下的社会。因此，一定要尽可能多地了解社会、适应社会，这样才能以非凡的影响力迎来精彩灿烂的人生。

心领导力训练营

冥想法

冥想法是诞生于印度的一项古老技能，最初的目的是帮助人认识世界、反省自我。后来，很多科学研究表明，进入冥想状态还会锻炼智力，减轻内心压力，增强意志力。

大脑在处理内在的干扰（如冲动、担忧、欲望）和外在的诱惑（如声音、画面、气味）时，意志力的强弱是决定性因素。因而，用冥想法锻炼意志会增强人的自控力。冥想法的具体做法如下。

第一步：安静地坐好。

找一个安静的地方，在地上铺一张垫子，盘腿坐在垫子上，双手自然放在膝盖上，背部挺直。冥想时要保持内心的平静，如果控制不了内心的烦躁，不可以进行冥想。

在冥想的时候，要尽量保持不动，如果实在想动一下的话，可以调整一下胳膊的位置，或者让腿交叉、伸直；如果再有想要活动的冲动，就只能靠意志力克制了。简单的静坐对于锻炼自控力非常重要，这一步能使我们学会不再屈服于大脑和身体产生的冲动。

第二步：将注意力放在呼吸上。

在进行冥想之前需要闭上眼睛，如果担心闭上眼睛会犯困，可以盯着某个物体，比如一面墙或者一盏灯，但不要让视线集中到能引起思考的物体上。之后，将所有的注意力放在呼吸上。

吸气时脑海中默念吸，呼气时脑海中默念呼。这样慢慢的，我们会开始有些走神。当我们走神的时候，要重新将注意力集中在呼吸上。反复的训练，会让我们的前额皮质开启高速模式，让大脑中处理压力和冲动的区域更加稳定。

第三步：弄清是怎么走神的。

在第二步进行几分钟后，就可以不再默念"呼"和"吸"了。此时，我们的意识会依照惯性专注于呼吸本身，只有内心强烈的干扰才会让我们走神。当走神再一次出现时，我们会发现将注意力集中到呼吸上变得比之前困难了。此时，我们便进入了与压力争夺对意识的控制权的锻炼中。这样反复练习之后，我们的意志力就会得到锻炼，控制自我的能力会慢慢增强。

需要指出的是，冥想法还可以帮我们判断压力的来源。在第三步中，如果我们的意志力最终没有战胜走神，那么要赶快记下走神时萦绕在脑海中的念头，这会帮我们找到潜藏在意识深处的压力的来源。

初学者在进行冥想的时候，每天只要锻炼 5 分钟就可以了。养成习惯之后，就可以每天增加到 10 到 15 分钟。不过，如果某段时间我们的压力过大，冥想无法长时间开展，仍然可以将时间减少到 5 分钟，要坚持每天一次。切记，即便每天做比较短的训练也比把较长的训练往后拖延更有价值。

舒尔特方格训练法

舒尔特方格训练法是世界上最专业的专注力测试和训练方法，

普遍应用于飞行员、航天员等岗位的培训中，它能够在短时间内提高训练者的注意力。训练的结果显示，超过93%的人在进行一段时间的训练后能感到专注力大幅提升。

舒尔特方格训练法简单易学，具体做法是在一张方形卡片上画出25个方格，格子内任意填写上阿拉伯数字1到25（如下图）。训练时，训练者用手指按照从1到25的顺序依次指出数字的位置，同时念出声来，而另一个人则在旁边记录所用的时间。

2	9	7	18	11
13	12	17	10	5
21	1	19	14	20
23	4	22	8	16
24	6	25	3	15

训练时，需要注意以下事项：

1. 眼睛距表格30~35厘米，视觉点自然放在表的中心；

2. 在所有字符全部清晰入目的前提下，按顺序找全所有字符，不要顾此失彼，因找一个字符而对其他字符视而不见；

3. 看完一个表后，眼睛稍做休息，不要过分疲劳；

4. 切勿考虑记忆因素；

5. 每天需要练习的表格数应该在10个左右。

对于16岁以下的儿童来说，测试结果在20秒上下为正常，超过50秒则表明专注力比较差。对于16岁以上的青少年以及成年人来说，20秒为及格分数，超过30秒则表明专注力比较差，而少于8

秒则表明专注力较强。

需要提醒大家的是，在刚开始训练的时候，达不到标准是很正常的，训练者不必为开始的成绩不理想而着急。在训练一段时间之后，如果训练者觉得自己的专注力已经达到了 8 秒的水平，则可以相应地提高难度，将 25 格扩展为 36 格、49 格、64 格、81 格……

提醒一下，为了避免反复用相同的表格产生记忆，需要自己动手制作不同难度、不同排序的舒尔特表格。

麦凯人际关系构建档案

美国人际关系专家哈维·麦凯经过多年研究，对某领域的人员总结了一份人际关系维系表。在这份表格中有 61 个重要的问题需要填写，在填写完这些资料之后，填表者就能够对关系网中的对象有个全面地了解。

在这里，笔者对麦凯的人际关系维系表做了一些调整，使它适用于所有人际关系的构建，简表如下。

填表日期＿＿＿＿＿＿＿＿修订时间＿＿＿＿＿＿＿＿

第一部分　基本信息

1. 姓名＿＿＿＿＿＿＿＿外号＿＿＿＿＿＿＿＿＿你对他（她）的称呼＿＿＿＿＿＿＿＿

2. 职业＿＿＿＿＿＿＿职场身份＿＿＿＿＿＿＿＿＿＿所属公司＿＿＿＿＿＿＿

3. 出生地＿＿＿＿＿＿＿现住址＿＿＿＿＿＿＿＿＿＿＿

4. 电话＿＿＿＿＿＿＿＿邮件＿＿＿＿＿＿＿＿＿＿＿

微信号＿＿＿＿＿＿＿＿＿家庭联系方式＿＿＿＿＿＿＿＿＿＿＿

5. 出生年月日＿＿＿＿＿＿＿＿＿＿

6. 身高＿＿＿＿＿体重＿＿＿＿＿身体重要特征＿＿＿＿＿＿

第二部分　教育背景

7. 高中名称＿＿＿＿＿＿＿就读期间＿＿＿＿＿＿＿

大学名称＿＿＿＿＿＿＿＿＿＿就读期间＿＿＿＿＿＿所学

专业＿＿＿＿＿＿学位＿＿＿＿＿＿

8. 大学时代获得的奖项＿＿＿＿＿＿＿＿＿＿

9. 大学时所属兄弟或姐妹会＿＿＿＿＿＿＿＿＿＿

10. 参加过的社团＿＿＿＿＿＿擅长的运动＿＿＿＿＿＿

11. 如未上过大学，他(她)是否在意学位＿＿＿＿＿＿＿＿教育

背景＿＿＿＿＿＿＿＿＿＿

12. 是否服兵役＿＿＿＿＿军种＿＿＿＿退役时军衔＿＿＿＿＿

对军队的态度＿＿＿＿＿＿＿

第三部分　家庭

13. 婚姻状况＿＿＿＿＿＿配偶姓名＿＿＿＿＿＿

14. 配偶教育程度＿＿＿＿＿＿＿＿＿＿

15. 配偶兴趣/活动/社团＿＿＿＿＿＿

16. 结婚纪念日＿＿＿＿＿＿

17. 子女姓名和年龄＿＿＿＿＿＿

18. 子女的教育＿＿＿＿＿＿

19. 子女的喜好＿＿＿＿＿＿

第四部分　交往背景资料

20. 所从事过的工作＿＿＿＿＿＿对工作的态度＿＿＿＿＿＿大

致收入情况＿＿＿＿＿＿

21. 担任过的最高政府职务＿＿＿＿＿＿日期＿＿＿＿＿＿有无晋升可能＿＿＿＿＿＿＿＿

22. 在社会上有何"地位"象征＿＿＿＿＿＿＿＿＿

23. 参与过的社会团体＿＿＿＿＿＿＿＿＿＿在团体中担任的角色＿＿＿＿＿＿

24. 对其他社会组织是否有影响力＿＿＿＿＿＿＿＿＿组织名称＿＿＿＿＿＿＿＿

25. 与你的其他联系人是否有关联＿＿＿＿＿＿＿＿关系如何＿＿＿＿＿＿＿＿

26. 与他人关系是否良好＿＿＿＿＿＿原因＿＿＿＿＿＿

27. 你身边的人对他（她）的了解＿＿＿＿＿＿＿＿＿

28. 长期的事业目标＿＿＿＿＿＿＿＿＿

29. 短期的事业目标＿＿＿＿＿＿＿＿＿

30. 目前最关心的事情＿＿＿＿＿＿＿＿＿

第五部分　特殊兴趣

31. 对什么主题特别有意见＿＿＿＿＿＿＿＿＿

32. 特别机密且不宜谈论的事情（如离婚等）＿＿＿＿＿＿＿

33. 宗教信仰＿＿＿＿＿＿是否热衷＿＿＿＿＿＿

34. 所属私人俱乐部＿＿＿＿＿＿＿＿

35. 参与的政治活动＿＿＿＿＿＿＿政党＿＿＿＿＿＿对其重要性＿＿＿＿＿＿＿＿

36. 是否热衷社区活动＿＿＿＿＿＿如何参与＿＿＿＿＿＿＿

第六部分　生活方式

37. 目前健康状况＿＿＿＿＿＿＿＿

38. 饮酒习惯＿＿＿＿＿所饮酒类与分量＿＿＿＿＿＿

39. 如果不饮酒，是否反对别人喝酒＿＿＿＿＿＿＿＿＿＿

40. 是否吸烟＿＿＿＿＿＿是否反对别人吸烟＿＿＿＿＿＿

41. 最偏好的餐饮＿＿＿＿＿＿＿＿＿＿＿＿

42. 对金钱的态度＿＿＿＿＿＿＿＿＿＿＿＿

43. 是否喜欢驾驶＿＿＿＿＿＿汽车的品牌＿＿＿＿＿＿

44. 喜欢的度假方式＿＿＿＿＿＿＿＿＿＿＿＿＿

45. 喜欢的运动＿＿＿＿＿＿＿＿＿＿＿＿＿

46. 嗜好与娱乐＿＿＿＿＿＿喜欢的图书或电影＿＿＿＿＿＿

47. 喜欢引起什么人注意＿＿＿＿＿＿＿＿＿＿

48. 喜欢被这些人如何重视＿＿＿＿＿＿＿＿＿＿

49. 客户自认为最得意的成就＿＿＿＿＿＿＿＿

50. 长期个人目标为何＿＿＿＿＿＿＿＿＿＿

51. 眼前个人目标为何＿＿＿＿＿＿＿＿＿＿

第七部分　与你之间的关系

52. 与之交往的时间＿＿＿＿＿＿因为什么机会认识＿＿＿＿

53. 与之交往中一起经历过的重要事件＿＿＿＿＿＿＿＿事件

性质＿＿＿＿＿＿＿＿＿＿＿＿

54. 与之交往时，你最担心的道德与伦理问题为何＿＿＿＿＿

55. 他（她）觉得对你应该担负起的社会责任＿＿＿＿＿＿＿

56. 他（她）是否需要为你改变自己的习惯或生活态度＿＿＿＿

57. 是否特别在意别人的意见＿＿＿＿＿＿＿＿＿＿＿＿

58. 是否非常以自我为中心＿＿＿＿＿＿＿＿是否存在强烈的道德

感＿＿＿＿＿＿＿＿＿＿＿＿＿＿＿

59. 他（她）的原则性问题是＿＿＿＿＿＿＿＿＿＿＿＿

60. 他（她）身边是否有可替代你的人＿＿＿＿＿＿＿＿＿＿

61. 你在他（她）心中的重要程度_____

需要特别指出的是，随着时代的变化，社会文化也会发生较大的变化，因此以上 61 个问题的重要性并不固定，读者可以根据自己的实际情况对问题进行添加或删减。

《心领导力》专家组成员

（排名不分先后）

陈秋萍

　　中国形象设计协会高级培训师、香港（中国）工商管理硕士研究学院培训师、苏州大学特聘形象礼仪培训师，深度研究"体验式"教学风格，将礼仪、心理学、管理学相结合，强调知行合一。让学员感受课堂的温暖并全身心投入学习，效果倍增。2005年至今，培训学员50余万人，遍布全国。

褚立欣

　　服务管理领域专家、顾客心理学专家、国家二级心理咨询师、国家二级人力资源管理师、世界500强公司高级培训经理，咨询公司总经理，在一线城市举办多场服务领域公开课，获得学员的一致好评。著有《服务制胜》一书。

连丽荣

高级礼仪培训师，大型培训和咨询公司项目总监、高级讲师，专注于服务、礼仪、营销、管理、绩效提升等方面培训、研究10余年。银行转型项目经验丰富并对精细化管理、服务营销领域有深度研究，多次参与大型国有银行标准化销售流程手册撰写。主讲课程《网点经营数据分析》《中国零售银行的网点转型实战》《营销技巧之高效沟通》。

刘 金

金融营销管理实战专家、国家体育场合作机构策划师、国内某知名咨询公司总经理，专注于银行业转型和人才培养理论的深度研究。在项目经验提炼基础上，为银行提供贴合实战的培训和咨询服务。常年为国有银行、股份制银行提供专属的营销、专岗人才培养、绩效管理、流程优化等咨询培训项目。

刘芮汐

国家注册礼仪培训师、企业 EAP 项目心理咨询师、2016 年中国金融行业优秀讲师，曾荣获首届中华文化礼仪大赛"世纪礼仪和平使者"的称号，曾担任 2012 年"爱在蓝天"空姐大赛评审委员会主席，长期致力于员工心理和客户心理领域的研究。授课方式灵活多样，场景模拟结合大量实践案例，深得受训企业与学员的青睐。

吕革新

国家首批高级职业指导师，人力资源和社会保障部职业核心能力开发团队专家，深圳国培中心、哈工大深圳校区、深圳大学客座教授,承担道德、心理、营销、就业指导等课程。出版专著 11 部，发表论文 20 余篇，其中《与人合作》一书成为职业核心培训鉴定指定教材。自 2001 年起，开设职业发展大讲堂、员工素质培训、团队建设、执行力等培训，培训人数达 20 余万人。

李 颐

　　情绪管理领域专家、高端商务形象管理设计师、IPA 国际注册礼仪培训师认证管理中心专家委员会礼仪专家，专注情绪管理、沟通、商务形象设计等培训及研究 17 年。主讲课程《情绪与压力管理》《在云端：形象与格调》《自我形象管理：认识自己发现美》《沟通人生：心思考心沟通》《家教背后的职业素养》等。

杨三石

　　职业化训练专家、国家注册人力资源管理师、北京财经管理高级培训中心委员，十几年工作阅历，丰富的实战销售经验及管理经验。在对企业培训中，一直坚持"培训必须解决问题"的理念。

张 莉

美国 ASTD 培训与发展协会讲师，中国金融培训发展协会十佳精英讲师，银行转型专家、培训师，专注礼仪文化、情绪管理、营销体系搭建、员工管理体系、服务质量监测等领域培训及深度研究 20 多年，服务过的客户包括中国工商银行、中国银行、招商银行等。